融资路演，讲好故事

快速打动投资人的融资技巧

沈宇庭 著

图书在版编目（CIP）数据

融资路演，讲好故事：快速打动投资人的融资技巧/沈宇庭著．
北京：中国经济出版社，2018.1
ISBN 978 - 7 - 5136 - 4883 - 7

Ⅰ.①融… Ⅱ.①沈… Ⅲ.①企业融资 Ⅳ.①F275.1

中国版本图书馆 CIP 数据核字（2017）第 237282 号

责任编辑　罗茜　　牛慧珍
责任印制　马小宾
封面设计　久品轩工作室

出版发行　中国经济出版社
印　刷　者　北京科信印刷有限公司
经　销　者　各地新华书店
开　　　本　710mm×1000mm　1/16
印　　　张　15.25
字　　　数　160 千字
版　　　次　2018 年 1 月第 1 版
印　　　次　2018 年 1 月第 1 次
定　　　价　48.00 元
广告经营许可证　京西工商广字第 8179 号

中国经济出版社　网址 www.economyph.com 社址 北京市西城区百万庄北街3号 邮编100037
本版图书如存在印装质量问题，请与本社发行中心联系调换（联系电话：010 - 68330607）

版权所有　盗版必究（举报电话：010 - 68355416　010 - 68319282）
国家版权局反盗版举报中心（举报电话：12390）　服务热线：010 - 88386794

序
打动投资人，越来越难了

这几年在北大、清华、人大、交大等 EMBA 总裁班教授融资路演课程，我发现一个普遍状况：太多的企业老板连自己的项目都说不清楚，更别谈如何对外融资了。有的长篇大论没有重点，有的预测未来不着边际，有的描述市场竞争乏善可陈，有的虚构利润无限放大，更有的干脆依照 PPT 模板叙述项目……然而这些表达方式都是投资人喜欢的吗？真能打动投资人吗？

近十多年来，投资界经历了"互联网投资""团购网投资""P2P 金融投资""O2O 线上线下投资""众筹创业投资""直播平台投资"……的投资潮流洗礼，在 80/20 的投资法则下，80% 的投资人都铩羽而归，投资人不再犯傻，犯傻的投资人也不存在于投资界了。过去项目方靠几张商业计划书就获得百万、千万的时代已然远去，在对赌协议的保护下，创始人再想"空手套白狼"可能非但套不了投资人这匹"狼"，反而把自己的项目喂了"狼"。

到底如何打动投资人，是靠商业计划书吗？如果真是这样，坊间这么多的商业计划书模版，直接选一个套用不就大功告成？雷军就他融资的经历说过，"投资人没有时间看商业计划书"。投资机构每天面对的是上百、上千本的商业计划书，内容、逻辑大同小异，对投资人讲述着：只要投资了就可以反亏为赢，打败竞争对手，招商加盟全国布局，市场占有率大增，上新三板被并购上主板，几百倍的投资报酬获利退出……这种编神话式的忽悠模式，如换成了你是投资人，你信吗？

那么打动投资人，是靠项目设计的获利模式吗？详述获利模式的分红返利，就能吸引投资人入资吗？在成本透明化的商业竞争中，获取暴利已经不现实，获取薄利也遇到同业的低价竞争，近年来更多是以补贴模式抢占市场。补贴，也就是拿投资人的钱去烧，真能烧出利润，还是血本无归？投资人常会直言不讳地问：你的梦想我买单，凭什么？

好的融资路演，往往从一个好的故事开始，而这个故事，最好是创始人亲身经历的故事，绝对的真实。例如，正是因为在坐月子过程中发现了生活上的不便，所以成立了月嫂平台；由于去欧洲旅游时发现了独特的沙拉酱料，所以在国内成立沙拉连锁店；在日本读书期间，吃到好吃的拉面，所以特地飞去日本学拉面，回中国创业……这些起心动念的故事，是引起投资人兴趣的开始。故事包含了创始人的经历，为什么要做这个项目，做了哪些努力，解决了哪些痛点，自己想成就什么，为社会想改变什么……

目前市面上许多融资路演的书籍，多是从融资商业计划书切入，制式化的设计虽然让路演内容稳妥，但路演毕竟是一个创始人的个人秀,好的融资故事、得体的穿着打扮、风趣幽默的言语、应对自如的回答、面对质疑的正确态度、与投资人是否对频等,才是吸引投资人的关键。

面试表现永远比笔试重要,把自己的项目说得精彩更重要。乔布斯路演叙述苹果新产品,仅有几页的PPT,每页只有一句话或一张图。马云路演叙述阿里巴巴,连PPT都没有,全是阿里创办过程中小故事的串联。我书中提到的所有融资路演的成功案例,都是创始人说了动人的好故事,成就了好项目。人们从小都是爱听故事的,有悲有喜,有过去有未来。"融资路演,讲好故事",我们从这本书开始。

2017年9月

前　言

随着中国经济的飞速发展，中国企业在世界舞台上展现出的能力正在变得越来越强。特别是近几年来，很多企业的成长速度惊人，它们规模体量的增长速度远远超出了20世纪企业发展的速度。究其原因有企业自身的因素，但更重要的是资本在其中扮演了重要的推手，从电商平台"京东"到送餐应用"饿了么"，从打车应用"滴滴"到共享单车"ofo"，无不是借助资本的力量崛起。在这些标杆企业的带动下，以往依靠自有资金发展企业的模式正在发生转变，企业对于资本的依赖正在不断加深，尤其是创新型、创业型企业，都在想方设法与资本"亲密接触"，于是融资也就成了当下企业界最热门的话题。

本书更适合创新型、创业型的企业阅读，这些企业并不缺少想法与技术，也拥有明确的目标，唯独缺少实现目标所必需的资金，更缺乏融资的经验。其实对于这样的企业，投资人向来很"偏爱"，我们看到很多成功的融资案例都是发生在这类企业身上。但是，为什么还有更多的企业项目不错、团队不错、创始人也不错，但就是融不到钱？原因之一就是这些企业将融资这件事看得过于简单，过于表面化，他们觉得自己是在说服投资人拿钱出来，实际上并不是这样。

在笔者看来，融资路演实际上是企业与投资人的一场"相亲活动"，而融资成功则代表双方要开始"恋爱"了。在"相亲"时，也就是当双方互不相识的时候，如何才能打动对方呢？只有依靠你的"故事"才行。

本书并不是教你如何通过讲一个"画饼的故事"来"忽悠"投资人从而"骗"到投资，而是告诉你如何把路演过程中的方方面面融合为一个整体，通过"讲故事"的形式表达出来，从而吸引投资人关注到你，继而"爱"上你。

本书的内容涉及融资路演的方方面面，包括融资失败的原因、融资的种类、融资故事如何开场、讲故事的训练技巧以及项目视频、商业计划书、展示PPT等故事道具的编制等。本书既有极具可操作性的方法又有实用的融资案例，开创了一个别具一格的"故事融资"理论。

本书实用性较强，其中的很多方法都可以直接拿到融资路演场景里使用，因此也可以把它看成是一本"融资路演手册"，相信一定会让读者获得有益的收获。

目　录
CONTENTS

PART 1　未来从讲故事开始

第1章　融资的演变 / 3
技术融资 / 3
数据融资 / 8
想法融资 / 14

第2章　讲故事的好处 / 22
用故事讲出未来 / 22
用故事引来资本 / 26
讲故事的巨大威力 / 29

第3章　融资路演为何失败 / 33
路演失败的原因 / 33
成功故事的标题往往只是一句话 / 38
没有高度与深度的故事不是好故事 / 42
用"信任"建立成功基础，用"情怀"体现融资价值 / 47

PART 2　讲故事的训练与技巧

第 4 章　区分讲故事的对象 / 55
对消费者讲故事 / 55
对投资人讲故事 / 66

第 5 章　从讲自己过去的故事开始 / 77
投资人不知道你的未来，但知道你的过去 / 77
故事一："我是谁" / 87
故事二："我过去做了哪些事" / 89
故事三："为什么要做这件事" / 91
故事四："为做成这件事我做了哪些努力" / 96

第 6 章　放弃七个错误的融资想法 / 104
"我因缺钱来融资" / 104
"我找有钱人来融资" / 109
"融资只靠想法" / 115
"见投资人立刻说项目" / 120
"用商业计划书来融资" / 128
"用股权融资" / 133
"业外人做业内事" / 145

第 7 章　讲故事的训练课程 / 149
路演前的准备 / 149
形象管理提升好感度 / 154
台上表现的 6 个细节 / 159
问答环节的应对方法 / 170

PART 3　如何编制故事道具

第 8 章　项目视频 / 177
视频在路演中的重要作用 / 177
路演视频内容设计 / 178
视频里的情感驱动 / 180

第 9 章　商业计划书 / 186
专业商业计划书版式 / 186
要点一:"项目痛点"/ 200
要点二:"项目亮点"/ 206
要点三:"项目获利点"/ 208
要点四:"项目退出点"/ 214

第 10 章　展示 PPT / 218
"一句话"痛点的项目介绍 / 218
公司亮点与团队介绍 / 222
现阶段运营状况分析 / 231

PART 1
未来从讲故事开始

"讲故事"融资已经是企业融资的一种惯用方式,其实际效果已经得到验证。

一个好的故事并不能创造一个好的未来,但它却能打开通往美好未来的大门。

但另一个现实是,仍然有很多讲故事的人站在门外不知所措,他们的未来将何去何从?为什么他们所讲的故事没有打动投资者呢?

第1章 融资的演变

在中国，融资是近些年才兴起的一种辅助企业发展的方式，它大多是以项目的名义筹措一年期以上的资金，以项目营运收入承担债务偿还责任的融资形式。如果从路演的角度来看，融资可分为三类，分别是技术融资、数据融资与想法融资。

技术融资

在早期的经济学教科书中，生产的四大必备要素是劳动力、土地、资本和企业家。然而随着技术的发展和科技的进步，特别是第三次技术革命后，以计算机为代表的信息技术得到越来越多的重视，于是"技术"也被加入生产要素之中。而生产要素是可以实现生产的资源，所以劳动力、土地、资本以及企业家，都是可以用来进行融资的，如劳动力可以申请贷款、土地可以进行抵押、生产机器等资本可以抵押融资、企业家可以直接吸引风险投资。所以，已经成为重要生产要素的"技术"也同样可以实现融资。

技术作为基本的生产要素之一，在互联网和信息时代，对于创新企业来说更为重要，也占据了这类企业不小的资产比例。所以，利用技术资源和资产进行融资，已经成为现代企业的一种重要融资方式。

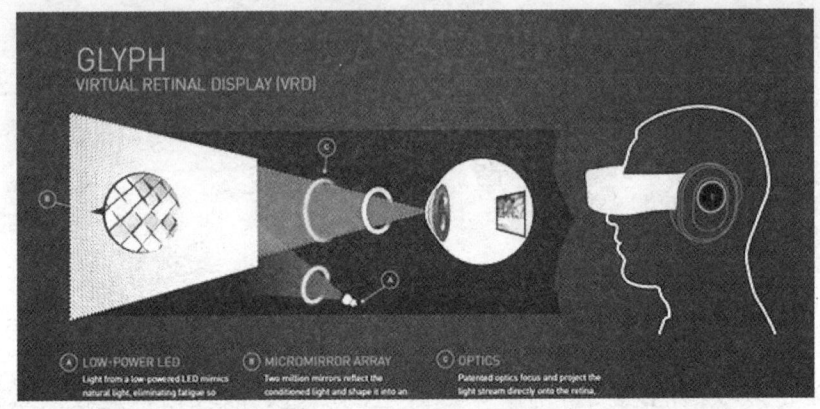

图1-1 Avegant公司产品

Avegant公司成立于2012年，位于美国密歇根州。Avegant从事研发的产品是一系列能够实现泛娱乐化沉浸式体验的设备，如当用户戴上一款头戴式显示器就能够身临其境地欣赏360度全景电影、听环绕音乐，甚至是和游戏世界中的虚拟人物进行互动。

2014年，Avegant公司推出了一款基于光场技术的混合现实头戴式设备，该设备依赖于反射光产生的图像，模仿人眼观察世界的方式，为用户提供逼真的虚拟模拟对象。

另外，Avegant研发的其他产品还包括头戴式设备一体的动感耳机功能模块，该设备采用HDMI连接播放，内置一个被动式耳机，音频收听并不绝对依赖于电池，充满一次电可连续享受3个小时的观影体验。这个设备让Avegant在众筹网站上融到了150万美元的资金。

除此之外，Avegant 公司还通过技术融资拿到了近 5000 万美元的融资，包括由中国杭州联络互动领投，英特尔、Applied Materials 共同参与投资的 1370 万美元 C 轮融资以及早在 2015 年就已拿到的 2400 万美元 B 轮融资等。

Avegant 公司的案例就是一个典型的技术融资案例，它通过研发尖端的虚拟可视技术嫁接与产品从而获得了投资人的青睐。类似的案例还有很多。

成立两年后，来自马萨诸塞州的 3D 金属打印创业企业 Desktop Metal 从多位知名战略投资人处揽获了 4500 万美元 C 轮融资。参与这起融资的有 Alphabet、BMW 以及 Lowe's 三家公司旗下的风投机构。这笔融资让 Desktop Metal 的估值超过了 3 亿美元，而在不到一年前的 2016 年 4 月，该公司的估值还只有 1 亿美元。加上之前的融资，Desktop Metal 的总融资额已突破 9700 万美元。

Desktop Metal 的创始人有 5 位，他们纷纷表示，新一轮资金的涌入，将推动公司产品进入量产阶段。"我们的目标是改变人们制造东西的方式。这个目标很大，需要很多资源才能实现。"

3D 打印行业是一个典型的新技术行业，工业级 3D 打印技术正在蓬勃发展，而金属打印正是下一个行业颠覆者。Desktop Metal 公司的创始人意识到，他们或许能让 3D 金属打印技术更加现代化，并相应地降低成本。

在创投圈里，近几年技术融资得到了广泛推崇，不仅是因为在互联网浪潮里技术更新已经成为潮流，更由于中国推行的"互联网+"的发展战略。这项战略使传统行业与互联网更加紧密地结合在一起，而让双方实现黏合的最重要因素就是"新技术"。

回到融资的话题，对于技术融资者而言，将技术作为融资工具可以通过以下几种方式来实现融资。

首先是专利转让。专利是法律承认的独家技术，也是具有价值的技术。专利一般都是以方案的形态出现的。目前，我国《专利法》承认的专利有三类：一是发明专利，即对产品或者方法提出的新技术方案；二是实用新型专利，即对产品形状、构造提出改进方案；三是外观设计专利，顾名思义，主要是针对产品外观形状、图案等进行的新的设计。这三类专利，都可以通过转让的方式实现融资。

其次是专利质押。专利作为一种权利，是可以作为抵押物或者质押物的。这种融资方式简单来说就是专利的所有者将专利文件或者方案交由他人保管，同时从他人处获得相应的资金。在欧美国家，专利抵押和质押的融资案例非常多，特别是近些年，信息技术领域内的专利抵押和质押比例不断提高。在中国，专利暂时不能进行抵押，但是可以进行质押。

目前，国内专利质押主要是向银行进行贷款，投融界平台也入驻有不少金融机构，包括大型银行以及中小银行、城市商行等，专利所有者可以通过投融界与这些金融机构取得联系，通过专利质押的方式获得贷款。

再次是技术入股。技术入股看似是一种投资方式，实际上是以技术入股作为中介，借助特定的平台和中间操作成功融资。借用技术入股进行融资，可以分为两种形式。一种是以技术融资为前导，吸引天使投资人或者风险投资机构进行投资。现在越来越多的天使投资人以及风险投资机构都非常看重专有技术和创新技术，这类项目会获得风险机构的偏好。例如，如果一个创业者拥有一项专有技术，在融资方案中明确专有技术的股份比例，那么，这样的融资项目对投资人的吸引力就会非常大。这也是常见的技术融资方式。

还有一种是通过技术入股获得其他企业的股权，然后通过股权融资。这种方式对于手握批量技术的企业来说是一种比较好的融资办法。特别是一些研究机构，通过出让技术和第三方企业合作从而获得企业股权，然后通过对股权进行转让来获得资金，再将资金投入到研发当中，形成一个循环。

最后是团队融资。因为很多技术都是附着在人的身上，并且需要组成一个团队才能把技术能力更好地实现出来，因此团队融资就成为技术融资的一种常见方式。对于创业型企业来说，这种特征尤其明显。很多获得了投资人资金的创业型团队，投资人往往说看重的是团队的市场能力、运营能力，但其实更看重的是团队的技术聚合能力，也就是说，团队中的每一个成员都拥有一部分技术，结合起来就形成了一个完整的技术能力，这是投资人对团队进行投资的原因所在。

互联网项目、科技项目的创业团队，如果拥有整体的技术能力，加上团队较为团结，就可以展现团队整体技术能力，进而吸引到投资人获得融资，这几乎成为创投圈公认的投资定律。

作为一名企业的创始人，面对投资人的时候一定要有一个清晰的角色定位，这个定位并不是企业领导者的定位，而是对自身技术、营销或者管理的定位。例如，这个创始人要么是"技术大拿"，要么是营销专家，要么是管理经验丰富，必须取其一才行。如果一个创始人技术也懂点、管理也"二把刀"，投资人是最不喜欢的，这一点一定要特别注意。

数据融资

通过路演融资的第二种方式就是数据融资。所谓的数据融资，就是指创始人在融资路演展示时，通过展示令人信服的数据来打动投资人获得融资的方式。让我们来看下面这个案例。

图1-2 米有沙拉

在《创客中国》这个节目里曾经来了这样一位创始人,她融资的项目是"沙拉"。她就是被称为"沙拉女王"的王令凯,她创办的沙拉品牌叫作"米有沙拉"。

王令凯"沙拉女王"(Salad Queen)的绰号是被著名投资人徐小平叫起来的,原因是她为了将主食沙拉带进中国,游学美国、意大利、法国、西班牙、土耳其、印度、泰国、日本8个国家,边在餐馆打工,边学习当地特色沙拉的做法,总结出了一套自己的沙拉理论。

在《创客中国》的节目里,王令凯对投资人展示了她精心准备的数据,无论是投资人的提问还是由自己讲出来的故事,她对"数据"的精确运用随处可见。例如,在开篇她介绍自己故事的时候有这样的描述:

"我在大学里一天打4份工,4个月里面有3个月在外面背包旅行,回来还能考全年级第一";

"我花了8个月的时间出国学习做沙拉,为此我曾经去了8个不同的国家";

"经过一年多的时间我们从1家店发展到了15家店,我们的管理团队也从我1个人变成了25个人"

……

在投资人提问的环节,王令凯采用的是数据回应。

投资人问:"你要筹多少钱?占百分之几?"

王令凯答:"我希望筹3000万,占10%。"

投资人问:"你现在15家店的经营情况怎么样?盈利是多少?"

王令凯答:"每一家每个月的流水都在30万以上。净利是20%。"

投资人问:"单店投入是多少钱?单店多少人?"

王令凯答:"我们现在开一家店的投入都是在50万左右。5~8个人。"

投资人问:"你开一家店达到盈利平衡需要多长时间?"

王令凯答:"一般是半年到八个月。"

投资人问:"关于配送,达到什么样的规模,你的配送体系才是合理的?"

王令凯答:"根据我们自己的测算,我们的直营门店达到12家以后是需要建立中央厨房的。"

投资人问关于产品的问题时,王令凯的回答是这样的:"我们去年一年有60多款菜品,有一些经典款是不分季节的,但另一些季节性的款式会随着季节过去下架,一些新品也具有季节特性。"

王令凯在这次路演后得到了在场3位投资人的认可,最终在节目里获得了3位投资人共价值1亿元的投资意向。

2014年7月,王令凯在上海陆家嘴开了第一家米有沙拉。刚开业的米有沙拉迅速在社区蹿红,翻台率达到三四次。同时,王令凯研发了12款热沙拉。她将特定的菜品(如肉类或者海鲜)进行烹调(热炒),并加入沙拉酱调味。

仅在开业后第1个月,米有沙拉便达到了收支平衡。日均客户量为300人次,月毛利达20万元。随后,王令凯继续扩张她的沙拉帝国。2015年底,上海已有8家自营店铺,全国有7家加盟店。

随后王令凯拓展了产品线，开发了不同种类的三明治和饮品，并希望通过新产品提高营业额。现在米有沙拉自营店的月营业额为200万元，毛利可达75%。

随着企业的扩张，米有沙拉得到了著名投资人徐小平的关注。在听到米有沙拉的发展规划后，徐小平当即拍板决定投资800万元，并将王令凯誉为"沙拉女王"。

王令凯的这个融资路演案例就是一个典型的数据融资案例，数字贯穿了她所讲述的沙拉故事，同时在回应投资人提问的过程中也通过数字来作证，既精确又真实。让我们再来看一个案例。

Kristen Hamilton是西雅图一家初创公司的创始人，她知道公司要想发展、腾飞，融资是必不可少的。2013年，她和联合创始人Josh Jarrett花了半年时间开发出一款沉浸式的商业APP应用——Koru，帮助初涉职场的毕业生学习职场中必要的工作技能，为叩开自己未来职业生涯的大门做好准备。

为了获得融资，两位创始人在路演演示文件里除了附上他们各自的简历，还为介绍自己的APP产品Koru提供了实打实的数据。例如，公司成功培训了几百名精心挑选出来的大学毕业生，其中85%的毕业生培训结束后便在Koru的合作企业获得了"有意义的"工作。并称这款应用的净推荐值高达90%，即绝大部分大学毕业生都会将其培训项目推荐给朋友。而净推荐值高有助于Koru降低获取客户的成本。

除此之外，与 Koru 签约合作的公司不仅有职业社交网站 LinkedIn、消费点评网站 Yelp 和房产信息网站 Zillow 等高速成长的企业，还有很多高等院校和顶尖学府，如乔治城大学、布朗大学和瓦萨尔学院等；而在 Koru 全新的管理团队里，很多人均是亚马逊、雅虎这类老牌互联网公司的高层管理者，其顾问团队也有一些行业知名专家。

领投 A 轮融资的 Maveron 投入了 300 多万美元，此外，来自纽约的 City Light Capital 风投公司投资了 200 万美元，是本轮第二大投资方，再加上其他投资方，Koru 公司共获得了高达 800 万美元的 A 轮融资。

有了数据就能够验证你的商业模式，要知道没有经营数据一切投资都不可能发生，销售额和用户量等都是关键指标，这些数据直接决定了融资额度和估值。如果创始人所提供的数据足够"漂亮"，那么肯定会对投资人产生正面的影响。例如，针对用户增长率的数据，一般情况下，在连续几周内，如果每周的增长率都能维持在 10% 左右的话，那就是一个投资人都会认可的数据。

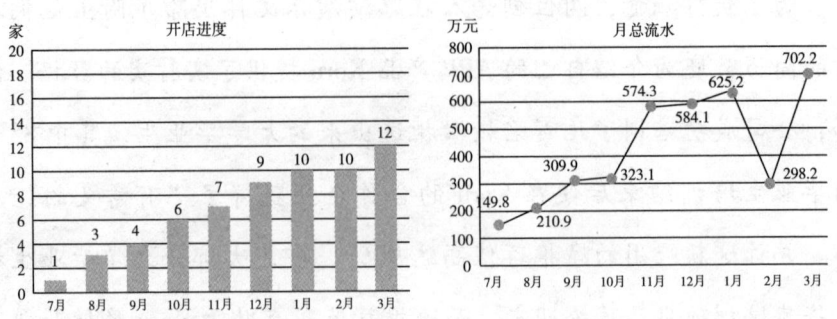

图 1-3 "Kao！烤肉饭"数据

继 2015 年底获得 500 万元融资后，在 2016 年 7 月 "Kao！烤肉饭" 再次获得了 2000 万元融资。新一轮融资之后，"Kao！烤肉饭" 将更名为 "Kao！铺"，进一步将自己打造成为全品类生活服务平台。

过去传统餐饮企业在管理上基本都是依据经验，但是在互联网数据时代，管理也需要跟上时代的步伐。于是，"Kao！烤肉饭" 的创始人吕强和其管理团队建立了一套数据化管理模式。

在门店经营上，"Kao！烤肉饭" 设立了不同指标，如复购率、曝光率、进店转换率、下单转换率等，当这些指标数据低于平均数值时，就说明管理出现了问题，然后会有一套具体的解决方案。例如，下单转换率偏低时，就可能是餐品顺序、装饰美观度、优惠菜品等出现了问题。相应地就会有提升包装、改变优惠菜单等解决方法。

这一套完整的数据管理模型，让 "Kao！烤肉饭" 的管理脱离了经验束缚，在管理人员上有了更多的选择，即使是一个毫无餐饮经验的人，在经过短时间培训，掌握这一套数据管理模型之后，也能很快上岗。正是因为这套更轻便的模式，让 "Kao！烤肉饭" 在短时间内实现了盈利，同时也获得了投资人的认可。

"Kao！烤肉饭" 的销售和用户数据非常直接：创立 9 个月开了 12 家直营店，并且 100% 盈利，20% 堂食，80% 外卖，月营业额增幅 435%，270 天为 35 万食客烤制了 150 万份饭，如果把这些盒饭首尾相接，其长度和 10 个北京二环相等。"Kao！烤肉饭" 每月的营收已经突破了 700 万元。门店数量发展到今天，已经有了 53 家，其中 13 家直营，40 家加盟。在吕强看来，用数据说话是保证企业增长的必需品，同时也是企业融资的最好例证。

据说，就在完成2000万元融资前，"Kao！烤肉饭"的投资方在"尽调"过程中还专门对是否值得投资进行了调研。而最终的结果恰恰表明：数据就是最强的说服力。

其实融资就是一个说服的过程。想要说服投资者为你投资，你就必须具有说服力。有的创始人本身就具有说服力，如雷军，如果他干一个新项目，可能什么事情都没做就有一堆人愿意给他钱，因为他的说服力很强，他的背景、他过往的经历就是他的说服力。但对于大多数创始人而言，个人说服力可能没有那么高，这就需要通过路演讲述故事的时候加入具有说服力的元素，而数据是最具有说服力的证据之一。

想法融资

通过路演融资的第三种方式是想法融资。想法融资，顾名思义就是凭借一个想法、一个点子进行融资。在前文我们谈到过这个问题，对此笔者的看法是：仅仅凭借想法去融资是很难成功的，如果没有实施佐证，投资人一般都会认为你的想法一文不值。

日事清的创始人刘磊于2011年创业，那时公司的主营业务是给一些大中型企业做定制化软件开发，如工作流、OA、生产管理的一些系统。团队从开始的2个人发展到2013年的8个人。在创业的这几年里，刘磊深刻地体会到随着互联网的发展，客户对于企业应用

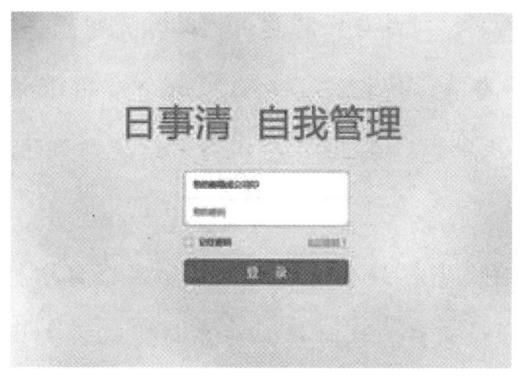

图1-4 日事清

软件的体验要求越来越高,但定制化开发软件的客户往往给不了很高的价格,让你有充足的时间去打磨产品。所以定制化软件这个行业,市场会越来越小。于是,2013年8月,刘磊与团队决定转型做一款SaaS的企业应用产品。

2013年,企业SaaS软件还没有火起来,刘磊与团队发现了一个需求,那就是很多公司都在用Word、Excel写工作日报、工作周报、工作计划。但这种方式非常麻烦,如一个手下有7个员工的经理在处理周计划时每周需要打开7封邮件、7份Excel表格才能知道所有下属员工的工作情况,如果要回复,那就更痛苦了。基于此,刘磊与团队决定开发一套工作计划与任务管理系统——日事清。有了这个想法后,他们写了一个BP就去找投资人了。

刘磊陆续去见了几个投资人,得到的一致反馈是:不知道描述的这个应用和市场上的OA软件有什么不同。不管刘磊与团队怎么描述,怎么解释,投资人都听不明白。因为没有产品demo,没有用户数据,和别的软件有什么不同根本无法直观地反映出来。

在这种情况下，刘磊与团队意识到必须先把产品 demo 做出来才行。经过 3 个月奋战，他们终于做出了一个产品 demo。随后刘磊拿着 demo 继续去找融资，在 2014 年 4 月幸运地拿到了 30 万元的种子投资。

到了 2015 年 3 月，日事清的用户开始实现自增长，更重要的是逐步有了一些付费用户。这时候，刘磊与团队再去找投资，明显感觉到可以用数据打动投资人了，同时对于日事清的定位和发展，也梳理得更清楚了。终于在 2015 年 6 月，日事清拿到了华创盛景和原子创投的数百万元天使投资。

上述案例很好地给出了融资过程中数据融资与想法融资的成败对比。当创业者刘磊仅仅依靠想法去融资的时候遭到了投资人的一致回绝，但当他拥有了产品与数据后再去融资则获得了成功。

尽管仅仅靠想法去融资失败的可能性更大，但这也不是绝对的。在众多融资成功的案例里，凭借想法融资成功的也不是没有，那些成功者大多站在行业的风口，或者拥有更好的个人资源和信用保证。让我们来看下面这个案例。

在《创客中国》的节目里有一个叫王大鹏的创业者，他的项目是"游牧者房车"。王大鹏路演的开场白是这样说的：

"车对于每个男人来说都有与生俱来的吸引力，每个男人心中都有一辆属于自己的梦想之车，我的梦想之车就是这辆游牧者。游牧者就是我自创的房车品牌。对都市人来说眼前的苟且和远方的田野

图1-5 游牧者房车

有时候不能兼顾,所以我希望用我的力量为每个人打造一个连接家和远方的载体。让更多人能够带着家人去旅行,在追求自由和梦想的过程中依旧能够感受到家的舒适和安全。"

在介绍团队时,王大鹏对自己的描述是公司 CEO,最大股东,负责品牌建设以及市场、资本相关的业务。王大鹏介绍的其他团队成员都具有自己的特长,而当投资人问他:"你的长板是什么"的时候,王大鹏说:"首先我爱玩儿,爱交朋友,看事情有眼光。"

实际上,王大鹏这种关于自我长板的描述并不具有说服力,在投资人看来他的长处就是沟通能力以及团队建设能力。

接下来投资人问他:"你如何能把品牌运营好?有什么运营心得?"

王大鹏回答:"我能够组织人和资源,抓住用户需求与痛点,用一个合理的话来表达给他。我对品牌的理解就是口碑和用户体验。"

面对"你要打广告用什么话作为广告语"的问题,王大鹏回答:

"我们有的不只是空间和想象,还有家和远方,让我们就这样一直在路上。"

最终王大鹏的公司获得了思达斯易能源集团 2000 万元人民币的融资,公司估值达到 8000 万元。

王大鹏的这次融资路演其实就是一个典型的想法融资案例。作为 CEO 的王大鹏个人并没有技术能力,同时由于自己的产品刚刚出来也缺乏数据支撑,他拥有的确切来说就是理念以及对中国房车市场未来发展的预测。但是由于他所处的行业被投资人判断为未来的"风口",因此成功获得了融资。

图 1-6 "好的好的"

"好的好的"创始人易涛曾经是微博小编出身,干了 4 年后他成为"创业家"的助理总裁,是最年轻的合伙人。

2015 年 5 月,易涛从"创业家"离职创业,杀入社区 O2O 领域。5 月中旬,易涛与"快书包"创始人徐智明聊起了"社区 O2O"。"我是一个懒人,大部分时间放在工作上,没有时间去超市买零食，常用社区O2O电商配送。但体验不好，需凑单29元、配送时间长……"

易涛把自己的想法说出后，徐智明发出邀请："你要创业，干脆来做'快书包'吧，做个移动版的。"

易涛婉拒了这个提议，半开玩笑似地说："我重新做一个'快书包'，您来投我吧。"没想到徐智明倒是认真了，他说："我再拉一个人过来，一起玩这个事儿。"随后徐智明拉来了"易到用车"的创始人周航。

不久之后易涛、周航、徐智明3个人见了面。最后达成的意向是，周航、徐智明各投120万元。随后易涛给牛文文发去一封长邮件，大意为："老牛，我融资敲定了，这么顺利与'创业家'离不开关系，我给您2个点吧。"牛回复了邮件，大意为："我知道你的心意，但我要拿实钱来投你。"

就这样1个月后，易涛获得270万元的天使融资，投资方为"快书包"创始人徐智明、"易到用车"创始人周航和"创业家"董事长牛文文。其中周航、徐智明各投120万元，占股16%，牛文文投资30万元，占2%。

随后，拿着这笔融资易涛做出了应用"好的好的"。通过"好的好的"，用户可以一句话说出自己的需求，平台发送给周边拥有解决能力的人，从而及时就近地解决用户问题。用户还可以查找附近能解决问题的达人，直接向附近的达人发送需求。"好的好的"让每个人共享出自己的闲暇时间、技能和服务，帮助附近的人，获得的不仅仅是货币，还可能结交一位新的朋友。

"好的好的"以人链接人的方式，利用地缘相关技术达到高效匹配和个性化满足生活服务问题，改变了人与信息连接的低效的传统方式。在功能上"好的好的"可以一句话下单，最快1分钟得到周边人的响应；它能够按地理位置匹配响应方，从而高效地完成需求；同时"好的好的"还能让附近的人回归本来的角色，拒绝冷漠，拒绝信息不对称；让服务有所保障，响应方的服务好不好，交给用户自己判断。

"好的好的"是另一个想法融资成功的案例，它与游牧人房车的情况不同，它是依靠创业者易涛的个人资源和信用保证而获得的融资，甚至易涛比王大鹏更彻底的一点是在融资的时候，易涛连产品都没有，妥妥的"只有想法"。

上面两个成功的融资案例告诉我们想法融资是可行的，但不能不说，想法融资必须具备一定的条件，它并不适用于所有融资人。

第一，你的想法必须能够与一个即将迎来高速增长的行业相匹配，也就是说想法要具有前瞻性。就像王大鹏一样，他的让房车成为"连接家和远方的载体"的想法是建立在房车行业爆发式增长的起始阶段，时机恰好，因此仅仅凭借一些不成熟的对品牌推广的策略描述，王大鹏也一样融到了钱。

第二，你的想法必须要能够迎合用户的痛点，能够解决用户的需求问题。你需要用寥寥几句就能描述出你的公司所解决的痛点是什么，为什么别人需要在意这件事，同时，如何用这个简单的解释让一位潜在用户买账。这是投资人关注的有关产品的方面。

第三，你的想法要建立在自身以往故事的基础上。这一条的含义是融资人的融资项目要在自己熟悉的领域，尽量与自己过去的故事一脉相承，而不是跨行出击。

第四，融资者本人的影响力、知名度、信用度和人脉也很重要，就像上面案例中的易涛一样。

综上所述，想法融资对融资人的要求是最高的，它相当于"空手套白狼"，因此除非你与投资人之间产生了绝对的信任或者绝对的投资需求，否则还是采用别的方法更实际一些。

第 2 章　讲故事的好处

随着资本与产业的深度对接，我们发现在如今的商业体系里，通过"讲故事"来让自己的企业或项目获得资本青睐已经不再是什么新鲜事儿了，有很多创业者因此获得了成功，让人不能不慨叹现代商业的魅力。"讲故事"已经实实在在地成为很多创业者走向成功的秘法。那么什么是故事？举个简单的例子吧。"皇上死了，皇后死了"，这是一个事实；"皇后死了，皇上死于心碎"，这就变成了故事。"皇上和皇后可能是被毒死的"，这就成了悬疑故事。因此也许仅仅需要在事实上增加几个字一个故事就产生了。

用故事讲出未来

说到"讲故事"的起源，也许大家会认为它是伴随着现代商业的出现而出现的，因为我们见到了很多通过"讲故事"获得成功的商业案例。其实不然，早在非常久远的古代，很多人就曾通过"讲故事"的方式获得了开启未来的通行证。

我国四大名著之一的《西游记》家喻户晓，让我们熟知了那一段唐僧取经的故事。唐僧的原型为唐代僧人玄奘。这位唐代高僧出生于河南洛阳。他13岁时跟随二哥到洛阳净土寺出家。贞观元年（公元627年），他远游印度，精心钻研佛教经典。17年后回到长安，在弘福寺、大慈恩寺等地著书译经。而《西游记》演绎的就是唐僧去印度取经的这段历程。

如果把现代公司的概念套入《西游记》，那么唐僧无疑就是取经项目组的CEO，他带领着由三个徒弟和一匹马所组成的创业团队艰苦创业最终把项目做到了上市。而如果追溯到取经项目的启动阶段，唐僧依靠的则是天使投资人——唐太宗的天使投资。

能够获得天使投资人唐太宗的启动资金是因为唐僧师出名门，多次在公开场合讲经，知名度很好，因此获得了太宗皇帝的关注，最终获得了投资。

而唐僧一行在取经的路上一路化缘，有很多人都资助了他，这些人与其说是资助他的人倒不如说是在资助他背后的故事。我们从一些西游记的影视作品里经常能够看到，唐僧去化缘时一般都会说这样一句话："贫僧玄奘，从东土大唐而来，要去西天求取真经。"这句话背后的含义有三个：一是"我是谁"；二是"我的出身（即从哪儿来）"；三是"我要干的事情（即项目目标）"。

通过简短的话语，唐僧实际上给化缘的对象讲述的是一个具有宏伟愿景的取经故事，而那些资助了他的人都是被这个故事感动，继而认同他，最终选择投资他的。唐僧就是通过不断重复他的取经故事而获得了不同人的资助，最终把取经项目做到了上市。

唐僧取经的案例实际上就是一个用故事讲出未来的典型案例，唐僧通过不断向新的投资人阐述自己的愿景与故事，最终在取经项目的进展过程里不断得到财富支持，保证了取经项目的顺利实施，最后他取得真经，返回东土大唐，功德圆满，为自己赢得了一个辉煌的未来。

现实中也有同样的人存在，请看下面这个案例。

1999年2月20日，正月初五，在一个叫湖畔花园的小区，16栋三层，十八个人聚在一起，这就是阿里巴巴的雏形，而这十八个人就是鼎鼎大名的"阿里巴巴十八罗汉"。在当时，这十八个人都不清楚未来将会发生什么，他们只不过被马云所勾画的未来蓝图而吸引。让我们看看马云在1999年为阿里巴巴设计的愿景吧。

第一个愿景："阿里巴巴未来要成为服务中国中小企业的一家电子商务公司"。

第二个愿景："阿里巴巴在未来要成为市值50亿美元的企业"。

第三个愿景："阿里巴巴要做一家生存102年的企业"。

马云希望能在十个月内拿到融资，尽管非常节省，但到了第八个月钱就花完了，他只好四处借钱发工资。

那时候马云每次从外边回来，都会对大家说："我又拒绝了一家VC……"有一天他说自己已经拒绝了37家VC。然而实际上当年马云是被37家VC拒绝了，因为没人相信他讲的故事。

但是，马云不被人理解的梦想却吸引了蔡崇信。这位耶鲁大学毕业的高管，放弃年薪百万的工作加入阿里巴巴，拿着500元的月薪。随后蔡崇信利用自己在华尔街的人脉，帮马云募到了第一笔天使投资——由高盛公司牵头的500万美元。

在这之后，1999年10月的一天，马云收到了摩根士丹利亚洲公司资深分析师古塔的一封电子邮件，说有一个人想和他见面，建议他去见见。当时马云刚获得高盛500万美元的天使投资，正忙于阿里巴巴的建设，便忽略了这封邮件。几天过后，古塔又打电话催促马云，并一再强调这个人对阿里巴巴未来的发展非常重要，要马云一定重视。被古塔说得动了心，马云决定前往北京见一见这个神秘人物。这个人就是软银董事长孙正义。

在此之前，孙正义已经投资了新浪、网易等互联网公司，并获得了可观的回报。此时的孙正义正在北京富华大厦召开一个投资人与经理人的见面会。根据马云后来回顾双方第一次见面的场景："门口排了一大堆人，等着见孙正义。那时孙正义因为投资美国雅虎、UT斯达康等企业，在互联网创业者心目如同神一般。2000年互联网泡沫前夕，孙正义的身家一度超过比尔·盖茨成为世界首富。"

随后，马云与孙正义上演了著名的"神奇6分钟"，打动孙正义投资2000万美元。据马云回忆，他当时什么也没有讲清楚，他只是说"自己有一个梦想：阿里巴巴利用互联网改变商业与贸易，他坚信互联网能改变世界"。

很显然，我们不能说是商业模式、管理团队、市场机会促成了这次投资，而是马云讲述的"项目故事"与"项目愿景"打动了孙正义。正因为孙正义的加入，让阿里巴巴从此走上了飞速发展之路，成为今天中国最成功的电子商务平台。

唐僧和马云就是两个活脱脱依靠"讲故事"为自己赢得辉煌未来的人,他们的故事讲得如此精彩,以至于就连最理智的投资人都对他们趋之若鹜,"讲故事"成为他们人生最大的亮点。

用故事引来资本

学生喜欢会讲故事的老师,女生喜欢会讲故事的男生,员工喜欢会讲故事的领导。同样,投资人也喜欢会讲故事的创业者。有人通过故事讲出了未来,而有的人则通过故事引来了资本。让我们来看下面这个案例。

"开始吧"成立于2014年,这家来自杭州的众筹平台以一种"奇袭"的方式在短短两年内异军突起。在它的网站首页上写着:"这就是你报复平庸的方式",醒目、独特且响亮。

2015年11月,开始众筹对外宣布,完成共计3350万元A轮融资,由华映资本领投。2016年2月,开始众筹宣布完成A+轮融资,1个月内估值翻倍。不久后,开始众筹再一次宣布完成1亿元B轮融资,领投方为昆仑万维。这家横跨了三个领域:新媒体、消费升级、互联网金融的创业公司在短时间内获得快速发展,吸引了众路资本的关注,他们是如何做到的?

在竞争激烈的众筹行业里,"开始吧"独辟蹊径,通过讲故事的方式让用户了解并熟悉众筹产品,迅速跻身行业前五。对于"开始吧"而言,这种模式已经成为让它们有别于如今市场上任何一家众筹平台的最大特色。"'开始吧'诞生于社交平台，这使得它从一开始就与讲故事脱离不了干系。实际上如今更容易引起用户共鸣的是'人'，是围绕这个'人'而展开的故事以及故事中流露出的价值观。就像开始众筹CEO徐建军所说："你不能用机构来众筹，要用个人，要有代入感，人和人之间才会产生社交。最终我们决定用故事和第一人称的方式来呈现，这形成了我们的标准模板。"

实际上在"开始吧"刚刚起步时，由于项目数量的稀少，工作人员往往需要去国外的网站上寻找一些故事与项目，来吸引用户知道、加入"开始吧"。但是如今，所有的故事已经全部由"开始吧"平台出品。

在故事的选择上，"开始吧"有着自己的原则。不仅要合乎金融、风控规范，同时还需要具备极强的社交传播属性。除此之外，能否符合"生活因我们的努力更加美好"这一"开始吧"所坚持的价值观，是最重要也是最终的衡量标准。

开始众筹通过"讲故事"的方式让自己从同行的竞争里脱颖而出，从而获得了投资人的青睐，与开始众筹的融资成功有异曲同工之处的是另外一家名为"Pinta"的VR内容工作室。

Pinta是一个2016年5月成立的VR内容工作室，现在他们完成了一轮600万元人民币的天使融资，投资方为鸿道电影金融和臻石基金。

在拿到融资的时候，Pinta才刚刚成立1个月，Pinta的VR内容还处于原画设定和编剧阶段。故事和交互是 Pinta 正在制作的 *The Dream Collector* 的核心，这部动画要讲一个不忘初心，时刻坚持梦想的故事，主题司空见惯，就看故事是否能真的将观众带入进去。

这个作品的制作流程是编剧先行的。要知道现在的很多 VR 内容更多的是场景先行，先设定一个 VR 场景如演唱会、风景等，再去思考在这个场景适合放一个什么故事，"但其实真正能让人从内心深处沉浸 VR 的应该是一个好故事，这个和过去做电影或者其他内容其实是一样的。"Pinta 的 CEO 雷峥蒙如是说。

Pinta 的做法是先做一个好故事，然后再通过 VR 将故事带给用户，VR 是为故事服务，而不是为了 VR 而讲故事。

在谈到投资方为什么投资 Pinta 的项目时，雷峥蒙这样回答："投资方选择这个项目的核心原因是因为他们相信 Pinta 能够讲好故事。"

通过上述两个案例我们看到了企业通过"讲故事"的方式获得资本关注的现实例证，很显然他们所讲的故事来源于企业的产品，而不是愿景，这与唐僧和马云有所不同，但却是另一种通过"讲故事"获得投资人青睐的方式。

一个投资人都喜欢的商业故事，最适宜采纳的架构是你的故事中有正派对抗反派最终获得一个完美结局的情节。这个模板对所有行业都适用。例如，保险行业的反派是灾难性的损失；银行业的正派是你的钱是安全的；医药行业的完美结局则是你过上了好日子，至少是能负担得起医疗费的日子……那么，反派到底是什么？在商业故事里它并不是指某个人，而指的是诸如饥饿、无知、疾病、浪费等恶劣情况；而正派正是你用来征服这些"反派"的手段，即项目、产品、服务等；完美的结局则是通过你提供的种种"正派"服务打倒了"反派"，为你的用户带来了舒适的体验与心灵的慰藉。让我们举个例子。

在谷歌的故事中"反派"是缺乏信息获取的渠道。因为很多人都会觉得，"我知道问题的答案就在某个地方，但是我就是找不到。因此对于这个问题，我仍然一无所知"。而正派则是谷歌提供的搜索算法和技术，它向用户提供了应有尽有的信息。完美结局就是数以百万计的人进行着数以十亿次计的谷歌搜索，谷歌为他们带来了便捷获取需要信息的方式。

正是这样一个又一个的故事吸引着资本，这些讲故事的企业也都因此获得了巨大的成功。

讲故事的巨大威力

不得不承认，在如今这个时代，"讲故事"已经成为一种公认的自我推广方式。"故事"被赋予了更多的商业意义，它成为展望未来、预测、规划和解释的主要方法。之所以会如此，是因为故事能够通过一个结构性的线索引导听者，并能够非常有效地向听者传达讲述者的价值观。

在一个个精彩故事的刺激下，衍生出了无数新技术、新理论、新商业模式、新运营方式……很多人或者企业通过讲故事的方式把VC、媒体、用户带入自己编织的故事场景里，和讲述者一起探索未来，一起发现一个又一个的"痛点"，同时又找到一个又一个的解决方案。讲故事的人通过故事推销着自己的独特价值观，从而为被带入故事的人们带来一系列新奇的体验，并使他们从此成为故事的信服者与追随者。

比如说到橙子，你最先想到哪个品牌，可能许多人都会说褚橙吧。

每年11月，昔日的"烟草大王"褚时健种植的褚橙，都会成为年度商业事件。褚时健，云南玉溪红塔集团原董事长，曾经有名的"中国烟草大王"。1994年，褚时健被评为全国"十大改革风云人物"。褚时健使"红塔山"成为中国名牌，使玉溪卷烟厂成为亚洲第一、世界前列的现代化大型烟草企业。

1999年1月，褚时健因经济问题被判处无期徒刑、剥夺政治权利终身，后减刑为有期徒刑17年。古稀之年入狱，75岁东山再起。2002年，褚时健与妻子在哀牢山承包荒山开始种橙。2012年11月，85岁的褚时健种植的"褚橙"通过电商平台开始售卖，褚橙品质优良，一下子就获得了消费者的青睐，一时间褚时健成为朴实创业、人生奋斗的典范。

"衡量一个人成功的标志，不是看他登到顶峰的高度，而是看他跌到谷底后的反弹力。"在北京看到褚橙上市后，王石在微博上引用巴顿将军的话对之评论，这是一个曾经登顶珠峰的男人对于褚时健和褚橙由衷的致敬。不只王石，潘石屹、梁冬、杨锦麟等一些知名人士纷纷发微博为褚橙捧场。于是，这个故事不再是褚橙自己的故事，在故事传播的过程中，褚橙被附上了"励志、上进"的标签。

褚橙的故事是一个典型的例子,以褚时健的传奇人生为线索,加上褚时健"十年磨一剑"的毅力,使很多人一下子就被这个故事打动,而褚时健的褚橙因此也被称为"励志橙"。试想如果没有这个故事,褚橙能取得今天这样的成功吗?

这就是讲故事的威力。

讲故事实际上是内容营销的一种,许多人会因为一个故事成为某个品牌的粉丝,并为之免费宣传。比如褚橙,许多人甚至还没买过这个橙子,但已经通过故事了解了它,并愿意推荐给朋友,这在从前的商业环境中简直是不可想象的。

有一句话充分说明了讲故事的价值:"告诉我事实,我会学习。告诉我真实,我会相信。但是,给我讲一个故事,我会永远记住它。"

图2-1 "对不起,我只过1%的生活"

2014年12月，微博大V"伟大的安妮"发布了"对不起，我只过1%的生活"组图，在微博上迅速发酵走红，随后很快扩散到微信朋友圈，短短的一天，两大社交网络均被刷屏。

仅仅两天时间，这套组图在微博上累计转发超过43万次，点赞超过34万次，评论接近9万次。而其带来的转化也惊人的高，"伟大的安妮"在第二天下午就发布微博称，这篇文章已经有超过6000万的阅读量，有超过30万的用户下载了她创业开发的"快看漫画"应用，该应用也在App Store里以最快时冲到了免费榜榜首。

"伟大的安妮"的微博内容实际上就是讲了一个故事，但她讲的这个故事拥有鲜明的主题、个性化的人物、丰富且有冲突的情节以及感同身受的细节，因此很容易让观看者产生共鸣。这让我们不能不慨叹，一个好故事成就了一个热门事件，同时也获得了营销的成功。

通过上述两个案例让我们看到了"讲故事"的巨大威力，"讲故事"已经成为当今这个崇尚移动社交的时代最重要的诉求表达方式。尤其是对于有融资需求的企业或个人而言，当一切还没有发生时，如何打动投资人？仅仅依靠商业计划书吗？那肯定是不行的，讲故事才是非常有效的手段。

第3章　融资路演为何失败

对于投资者来说，一个企业或者项目吸引他们的关注，甚至入场进行尽职调查的原因，莫过于企业有一个非常动听的"故事"，这个故事能为他们创造投资价值，创造持续盈利的神话。但一个可怕的现实却是：大多数企业在融资时都遭遇了挫折，融资的成功率非常低。这到底是为什么呢？本章我们就来详解企业融资为何会失败。

路演失败的原因

在进行融资路演的时候很多企业本应该很容易地得到投资，然而现实却恰恰相反，并不是因为融资项目本身的问题，而是企业老板自己的问题。很显然每一次失败的融资路演都源于融资企业的讲解人没能感动投资方。

那么，为什么这样的失败会接二连三地出现？到底是融资企业什么样的行为搞砸了路演？究其原因通常包括以下几个方面。

第一，在路演前并没有对投资人做功课。融资企业的老板特别是初创型企业的创业者经常犯的一个错误就是缺乏前期的调查研究。

作为公司创始人，去了解一个投资人所属的风投基金曾经投过什么样的产品是必做的功课。例如，如果这个投资人在此前一直在种子轮投资的对象都是硬件创业公司，投资的额度都在 400 万元人民币，那么你的公司是以开发软件为主，想要寻求 600 万元人民币的 A 轮融资，就意味着你能够从这个投资人手里拿到钱的概率不会太高，很显然从风格上你不是这个投资人的最佳选择。投资人通常都会专注于特定领域、特定融资阶段的创业公司，能够适合你的公司融资条件的投资人只是其中的一小部分。不要想着把融资目标定在所有投资人身上。

其实想要得到关于投资人的投资信息并不是一件难事，只需要上网去搜索一下便可，这些资料会告诉你投资人的喜好以及什么样的产品能让他们兴奋地进行投资。

第二，对寻求融资的过程一无所知。打个比方，一个企业寻求融资其实就是寻找伴侣的过程。想要追求到"意中人"就必须想方设法去赢得对方的好感。第一次与投资人会面的目的主要是在对方心里留下一个好的印象，建立融洽的关系。因为从投资人的角度出发，投资一家公司涉及大笔的资金，他一定会仔细谨慎地审核可能投资与共事的企业团队。因此在与投资人第一次会面时，他们往往不会让你展示精美的融资 PPT 与图表，甚至可能见不到相关的投资高层。明白与投资人会面的目的，了解谁会参加会面以及他们各自的角色与身份是非常重要的。第一次会面你就努力地展示自己的项目实际上并不会取得什么效果，因为投资人和你根本就不认识，更谈不上了解，你向陌生人推销自己的观点能够取得积极的回应吗？

第三，缺乏路演演讲经验。很多失败的融资体验都来源于失败的融资演示。如很多演讲者一上台就会首先道歉，这样做的目的是为接下来的演讲可能造成的疏漏找好理由，同时来增加在投资人心目中的同情分，通常他们会说自己嗓子发炎或者正在发烧……殊不知这是最差的一种演讲技巧。因为在整个路演过程里演讲者所做的都是想办法让投资人高兴开心的事情，而这种表达技巧很显然会让听者不开心，好像被利用了一样。与其先让听者不开心随后再哄他们开心，还不如一上来直接说让他们开心的事，诸如此类的技巧实际上都是演讲者在为自己人为地增加障碍。

再如在 PPT 演示的部分，很多演讲者在 PPT 的准备部分就已经失败了。很常见的现象是由于演讲者大多都是企业老板，平时很忙，因此融资展示 PPT 的制作工作都是由企划部来完成，而企划部负责制作 PPT 的员工往往对企业的融资具体情况并不是十分清楚，也没有与老板进行深入的沟通，因此只有把一切能够展示企业的内容都贴到 PPT 里去。这样一来，PPT 里的文字内容往往非常多。而你要知道，投资人每年都要看上百份融资 PPT，对每份融资 PPT 投入的精力非常有限，投资人根本没有兴趣去仔细看每一张 PPT 里的文字内容，一旦他们看到密密麻麻的一堆文字就会从心里产生抵触。同时，由于 PPT 并不是演讲者自己做的，因此即使在上台前看过几遍，演讲者也不可能记住每一张 PPT 的顺序，在演讲过程中会出现记不住"下一页"，从而导致把一个完整的故事散着说，甚至是乱说的情况。这样的例子比比皆是。投资人从这一点就能够判断出路演展示 PPT 是谁做的，演讲者有没有提前演练过。一旦出现上述情况，路演展示失败也就在情理之中了。因此，如果你想从众多融资 PPT 中杀出重围并获得成功被投资的机会，你的融资 PPT 最好还是自己做。

还有一些演讲者在台上的演讲过于啰唆，一个意思要重复表达好几次，这样的演讲也同样会失败。通常情况下，路演的展示时间只有10~20分钟，如果演讲者滔滔不绝，想把所有内容都用语言的方式呈现出来，那么效果反而不会好。因为从人对信息的接收效果来看，永远是看比听快，因此投资人会首先看你 PPT 的展示内容，然后再去听你讲他感兴趣的地方。也就是说，路演展示是看与听的结合，如何把两者融会贯通，同时简洁而有重点是演讲者必须解决好的问题。

第四，回答问题缺乏技巧。还有很多融资路演失败的主要原因是演讲者不知道该如何回答投资人的问题。公司的创始人应该清楚地知道自己想要从投资人那里获得什么，以及投资人会给公司来带来什么样的发展前景。"这个投资人是否应该成为这一轮投资的领投者？""为什么？""如果不是的话，你应该去邀请哪些投资人领投以及为什么这样做？"这些问题必须提前就想好。只有这样在被问及相关内容的时候演讲者才能够胸有成竹。

此外，演讲者还需要结合上下文来回答投资人的提问，向他们解释投资的重要性。投资人除为你带来资金以外还能为你的公司带来其他附加价值吗？如果确实如此，演讲者应该明确地指出他们能够为你的公司带来什么样的价值，向他们展示自己的公司与他们之间的契合度。最后，对任何问题的回答都应该以理智作为前提，盲目自信与答非所问都是不可取的。

第五，不能坦白自己的缺陷。投资人会向你提出各种各样的问题，作为企业的掌舵人你不可能知道所有的事情，因此也不需要为每一个问题都找到答案。但是有些问题你应该了解得一清二楚，如产品潜在市场的规模等。投资人也并没有指望你能了解所有的情况，所以你即使承认自己不知道也没有什么不可以，反而更能体现出你的坦诚。你可以要求投资人给自己一些时间去寻求答案，并将找出该问题的答案放在下一步的工作计划中。

然而很多演讲者最怕的就是被投资人问住，因此当他们确实不知道问题的答案时，也往往会死不承认，顾左右而言他，或者拍脑子回答，这些行为都不会对你的融资路演产生积极的影响。

第六，搞砸现场展示。很多演讲者都会在路演过程里加入现场展示的部分，但这实际上是有很大风险的。如果一个演讲者准备在自己的路演中添加一个现场展示的话，那么最好做好万全的准备，不要过度相信现场设备的稳定性和自己的临场发挥能力。例如，展示你的产品原型需要保证有一定的网速以打开网页，那么你就要确保路演现场有良好的网络条件，并做好在无法联网时的备用方案。就这个问题而言，投资人能够留给你进行现场调试并且下载试用产品的时间非常有限，因此一旦演讲者加入了现场展示内容，无形中就会给自己的路演展示带来很大的压力。很多演讲者都希望通过展示自己的产品来增加投资人的好感度，这一点无可非议，但更多的现实却是本来能够为路演加分的内容被现场不能预料的意外搞砸，演变为一个减分项。

第七，糟糕的结尾。很多路演演讲者都忽视路演的结尾，他们以为现场演示结束了，融资路演也就结束了。他们没有在承诺的时间内解答投资人所提出的所有问题，也没有对投资人表示正式的感谢，这实际上都会影响投资人最终的投资决定。要知道完美地结束一场路演其实是相当具有操作性的，并且非常重要。别忘了，你要做的事情是让融资过程可以顺利进行，所以要尽你所能地让投资人尽快做出给你投资的决定，而路演结束后对投资人进行跟踪会面则是促使他们尽快投资的必要行动。

正是上述这些问题造成了很多企业融资的失败，要知道融资路演所提供的是一种人与人面对面交流的机会，投资人参加过的路演太多了，几乎已经到了麻木的程度，因此想要在很短的路演时间内打动这些"石佛"，用什么样的表达方式、如何表达你的故事就显得尤为重要，这也正是本书想要传达的要义。

成功故事的标题往往只是一句话

我们看到很多参加融资路演的演讲者，他们总是希望把自己想要表达的所有内容都以文字或者图片的形式一股脑儿地表现出来，殊不知这并不是最好的内容展现方式。展示所用的 PPT 或者视频上的字体大小有限，当在路演现场播放时，你必须考虑坐在台下的投资人是否能够看得清，这是第一个问题。

第二个问题则是投资人是否有兴趣去看一大堆文字，很多时候答案都是否定的。当投资人没有对你这个人感兴趣的时候，他也不会对你展示的内容感兴趣，这就是风险投资最大的特点之一。

因此，在内容表达的方式上，一味地追求多而全并不是最好的选择，很多时候那些成功的路演者仅仅是依靠"一句话"获得成功的。

图3-1 罗辑思维"时间的朋友"跨年演讲

2015年12月31日晚20:30，"罗辑思维"创始人罗振宇在北京水立方召开了一场名为"时间的朋友2015"的跨年演讲，而且还表示要做20年，20年门票套餐价为4万元。

2016年12月31日，罗振宇在深圳举办了"倒数第19场"演讲，四个小时、六个章节，有媒体表示可容纳12000多人的演唱会场馆，上座率接近80%。罗振宇的这场跨年演讲文字版有7万余字，然而在他的背景展示图中却仅仅融合了不到1000字的内容。

2015年罗振宇拍卖"时间的朋友"20年套票时，99张4万元的套票在半小时内迅速被抢空。用一个简单的算术题来说，在30分钟不到的时间里，罗振宇一人完成了3960000元的门票销售额。再红的明星也不过这般号召力。到了2016年，社会对"时间的朋友"

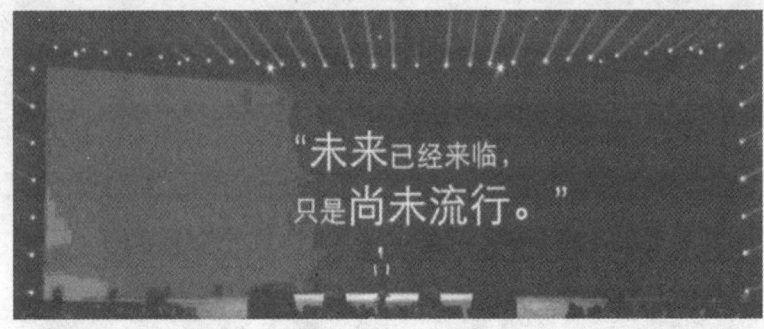

图3-2 罗辑思维"时间的朋友"跨年演讲

的关注度更高,甚至罗振宇的这场跨年演讲还吸引了深圳卫视加入直播。

如果把罗振宇的跨年演讲看成是一场路演,台下的观众看作是投资人的话,那么"时间的朋友"成功地反映了路演成功的一些规律。罗振宇演讲过程中的每一个主题都会在背景上打出相对应的一行文字,这行文字是对演讲主题的提炼与升华。对于台下的观众而言,无论坐在什么位置,通过任何角度都能够清晰地看到这行文字,然后饶有兴趣地倾听罗振宇为他们讲故事。这一行行文字所起到的是故事标题的作用,罗振宇用它们来引出故事,同时提升观众的兴趣。

千万不要小看这个细节,它是路演过程中最重要的一部分,笔者把它叫作:"成功故事的标题往往只是一句话。"

如果仔细分析罗辑思维"时间的朋友"的背景PPT,我们就能发现,它所有的展示页面几乎都是由"一句话"构成的。也许你会认为这是制作团队"偷工减料"的应付之举,实则不然。罗辑思维正是希望通过这些"一句话"传递出观点的力量，营造出讲故事的氛围，同时带给听故事的人以思考。

成功的路演不正是想要达到这样的目的吗？把投资人引入你的故事情境，带给他们心灵的冲击，让他们对你的故事欲罢不能。

我们要知道，在这个世界上最难的两件事就是从别人的口袋掏钱和将想法灌输给别人，而融资路演就是要在极短的时间内完成这两个难题，让投资人和观众接受整个项目的想法和模式，同时从投资人口袋中拿到钱。

所有融资者都想在最短的时间里打动投资人，可是投资人都是经验丰富的家伙，想成功并没那么容易，这就需要你从一开始就要抓住他们的注意力。而"一句话"的标题恰恰能够起到这样的作用。

大卫·奥格威曾说："一般来说，阅读标题的人数是阅读正文内容人数的4倍。"因此与其去展示烦琐的内容还不如去展示一个足够吸引人的标题更划得来。如果是笔者去参加路演，我会在设计展示标题上花费很多时间，必要的话几天时间我都愿意付出。因为，当写出一个好的展示标题之后，我就知道，距离路演的成功更近了一步。

还有一点请不要忘记，好的标题与一般的标题所起到的作用是完全不同的。营销导师泰德·尼古拉斯曾说："数百次的试验结果表明，一个好标题的作用可能是一个普通标题的17倍，而二者的主题内容是完全一样的。"由此可以看出二者在作用输出上的巨大差异。你想要获得的路演效果与你的内容展示质量息息相关，你的内容展示质量与其吸引力和激发兴趣成正比。一个好的故事标题可以很轻易地帮助你得到超过一般内容2~3倍的回应率。

通过展示内容让投资人将目光停住的方法有以下几个：首先是让投资人认为你写的东西正好是他感兴趣的；其次是冲击力强的视觉表现，使投资人认为若把视线移开是种损失；最后是标题与构图产生非常好的协同作用。

从罗辑思维的案例里我们就能够发现，罗振宇所采用的是第一种形式，而这一种是路演场景下最符合展示规则的方式，即通过一句话的标题让购买门票的"投资人"产生共鸣与兴趣。而视觉冲击的表现则是一种更加偏向于广告展示的技巧，它并不适合于路演环境。因为过于精美的内容展示设计会把投资人的注意力吸引到展示画面里，反而忽视了演讲者本人，容易喧宾夺主。

综上所述，罗辑思维"时间的朋友"所采用的"一句话"标题的方式是路演中最讨巧也是最恰当的内容展现方式，罗振宇所设计的故事通过一句话一句话地展现出来，层层推进，把标题、大纲、骨干秀了出来，通过标题让投资人做好了心理准备，去接收他想要知道的内容信息。

没有高度与深度的故事不是好故事

既然"一句话"的标题在内容展示部分所能够起到的效果这么好，那么我们就应该尽量采用这种表现方式，把演讲者所需要表达的故事以标题的形式层层展现。但是由于"一句话"的字数毕竟有限，想要在有限的条件下做出出彩的表达，不仅需要技巧，更需要整个故事的起承转合来予以配合。

何为故事的"起承转合"？实际上就是我们通常说的为了吸引听故事的人而把故事设计成有高潮、有低谷、有转折、有惊喜的方式。笔者把这称为故事的"高度"与"深度"。

所谓的高度就是所展现内容的创造性，而深度则是指所展现内容的情怀，仍然以罗辑思维"时间的朋友"为例。

在罗振宇的演讲中有这样的内容：

人生苦短这件事，我们还是会经常忘掉。所以，我们需要时常刮一刮这样的大风。就像跨年这样的时刻，它提醒我们，再不做点事，就来不及了。我的一个朋友告诉我，一般的动物只有三种情绪——愉悦、愤怒和恐惧。但是人呢，又多了三种——爱、恨和忧伤。愉悦不是爱，愤怒不是恨，忧伤也不同于恐惧。

其中的微妙区别是什么？前者只是即时的反应，而后者则必须有时间的积淀。人有记忆。人是一种有能力在时间中穿行的生物。我们用时间累积自己，用时间寄托未来，用时间提醒当下。

时间这个维度被嵌入我们的生命中越深，我们的身体里作为人的那个部分就越强大。听说过、经历过和梳理过，是三种和时间穿插的方式。做时间的朋友，需要深入地探问和好奇地张望。

罗振宇创造出了"时间的朋友"这个主题故事，让人既熟悉又陌生，他在讲述里创造性地解释了"时间"这个抽象的名词，并创造性地用"做时间的朋友"来引导听者，因此可以说这个故事是站在了一定高度之上的，这也正是"时间的朋友"获得共鸣的重要原因。

在融资路演中，你所讲"故事"的创造性往往体现在项目的切入点上，即针对痛点的处理思维上，也就是我们常常挂在嘴边的"创新"。

何为创新？创新是指以现有的思维模式提出有别于常规或常人思路的见解为导向，利用现有的知识和物质，在特定的环境中，本着理想化需要或为满足社会需求，而改进或创造原来不存在或不完善的事物、方法、元素、路径、环境，并能获得一定有益效果的行为。

根据创新的这个定义，你可以根据融资项目的创新方向来设计故事，例如，如何发现的项目痛点，在解决痛点的过程中发生了什么事情……以此为故事骨架来设计内容。同时要注意尽量让你的故事拥有调性与逼格，就像罗振宇的"时间的朋友"一样。

成都米有网络科技有限公司成立于2008年7月，旗下产品太虚AR是一家AR开发引擎提供商，旨在帮助开发者开发高质量的应用去获得海量关于现实世界的数据，并让这些数据结合最新的技术成为未来的一项AR基础服务。太虚AR以手绘支持功能作为市场切入点，为消费者和开发者提供全新的体验方式，为合作伙伴提供SDK功能定制服务。

2016年11月，太虚AR获得330万元人民币天使轮融资。本轮融资由成都电科和老鹰基金合投，公司估值数千万元。

作为开发者数量为国内第二的AR开发引擎提供方，太虚AR在

图3-3 米有科技创新项目

技术上取得了多项突破，产品包括1个独有功能、12个核心功能、500+开发者、10w+云存储量，并且获得了2016ARi中国增强现实创新大赛的最佳AR技术奖以及第三届全球移动互联网开发创意大赛全国总决赛冠军。

一直以来太虚AR的技术理念都是突破限制，将AR技术从2D图片推进到三维物体和真实环境，从之前太虚AR官方放出的视频来看，他们在真实环境融合技术方面已经取得了较大的进展。

太虚AR融资成功最主要的原因在于投资人看重太虚AR的项目创新点及其独有的核心技术，了解其核心竞争力背后的价值；另一方面则是因为太虚AR与投资方认为的科技发展态势比较契合，在投资方看来，AR很有可能是下一个风口，而太虚AR现在做的事情又是AR产业链中最为核心的环节。

在路演的现场米有科技的演讲者成功地把太虚 AR 项目包装成了一个极具创造力与改变力的项目，使自己站在了一个创新的高度上，因此获得了投资人的关注，最终拿到了投资。

另一方面，"故事"的深度来源于情怀，在路演的场景里它大多表现为你所讲故事中体现的态度与信仰。你要告诉投资人的是这个项目的梦想是什么，它是如何融入生活照进现实的，这才是最强有力的故事。这么说有点类似于项目的愿景，它体现了演讲者的立场和信仰。例如，亨利·福特在 100 多年前说过他的梦想就是"使每一个人都拥有一辆汽车"。实际上我们可以把它看作是亨利·福特在汽车制造项目上的一种情怀，它才是真正打动人的本因。

看看那些优秀的品牌，我们不难发现它们都不是简单地贩卖东西而已：苹果贩卖的是改变世界的创新精神和"非同凡想"；星巴克贩卖的是调性和"第三空间"；莱卡贩卖的是逼格和传奇……这就能够解释"情怀"在故事里所扮演角色的重要性了。

当然在这里笔者所说的"情怀"并不是你融资故事的全部，而是为故事增色的一段情节。要知道做企业或者做项目的根本目的还是盈利，而不是诉说"情怀"；那些能把"情怀"讲到人们愿意掏钱的项目，并不是因为台上的人所讲的情怀动人，而是这个项目本来就很棒；"情怀"不具备任何价值，它只是附加在项目之上，起到为项目加分的作用。"情怀"很难说与融资的成功之间存在什么关系，但聪明的创始人会把"情怀"作为加分项，愚蠢的创始人则只会刻意地表现所谓的"情怀"。因此千万不能本末倒置。

如果一个故事具备了创新与情怀，那么这个故事就具有了高度和深度，一方面它能够通过创新力使自己从众多的路演项目里脱颖而出，另一方面它又通过情怀的渲染让这一事业超越项目与产品本身而具有了鲜明的可识别特征，使投资人很容易记住它以至于被它感染。

只有同时拥有高度与深度的故事才是一个好的故事，想要讲出这样的故事就需要讲故事的人亲自去设计故事的脚本，而不是让其他人来做。对于故事的架构演讲者必须自己完成，在故事里创造惊喜、创造起伏，用故事的起承转合去抓住投资人的心。

用"信任"建立成功基础，用"情怀"体现融资价值

中国作为当今世界第二大经济体，在经济上已经达到了世界顶级，我们也常常感叹身边的有钱人变得越来越多。人们手里的钱越来越多自然会去寻找适合的投资渠道，从前投资股票能赚钱，但如今已经越来越难；在上一个十年里投资房产能赚钱，但如今房产的投资回报率也在降低。现实就是一边有那么多热钱想要找去处却没地方可去，另一边创业者想要融钱却融不到。这其中反映了什么问题？笔者觉得是一个融资者与投资人之间沟通的问题。也就是说融资人不会讲故事，无法通过故事让投资人产生信任，没有讲出与投资人共同经历的故事或者没有与投资人共同认识的人，这才是融资失败的关键之处。

那么，什么是与投资人共同经历的故事？笔者还是通过一个自己的故事来说明。

在台湾，所有男性都会去服兵役，数年前我在刚刚退伍后准备去一家公司上班，但我家距离公司比较远，于是家里就商量要买一个房子让我能够离上班的地方近一点。于是我找到了一个房产销售，但那个销售员并没有一上来就和我谈房子的事情，而是和我拉家常，问我是做什么的。我说我刚退伍准备上班。当他知道我刚退伍后，就问我当的是什么兵，我说是海军，他一拍大腿说："我从前也是当的海军兵。"于是，他就开始跟我讲他当兵时候的事情。

由于我刚刚退伍，对聊这个话题很感兴趣，所以我们就谈了很多当兵的话题。自始至终这个销售员都没有和我谈过房子的事。

然后，我们又谈到了各自的家庭，当我说到我父亲是山东人的时候，他就顺口说了一句："山东人包的水饺特别好吃，你们家一定经常自己包水饺吃吧？"于是我说："那当然，我爸爸经常包水饺，等下次我给你带过来尝尝。"他当然说好。

等我回家跟家里人说起这件事后，我父母当即就跟我说："那就请他来家里吃吧。"

后来我邀请他来家吃水饺，他带着酒来了我家，与我的家人谈得非常投机。

故事的最后当然是我家从他这里买了房子，不仅如此我们购买的价格竟然还是最贵的。因为他当时跟我说："价钱的事情你就放心交给我，保证给你最优惠的价格。"由于信任已经建立了起来，因此我没有要求去看其他房子的交易文件来询价，而是选择了相信他。

从我的买房故事里其实能够看到，那个销售员的高明之处在于并没有着急和我谈房子，而是一直在给我讲故事，讲当兵的"故事"、讲山东人的"故事"……而这些故事恰恰都是我所经历的。通过这些"故事"，我信任了他，最后他得到了想要的结果。如果把我看成投资人，而他是融资者的话，这就是一个融资者通过"讲故事"获得信任从而成功融资的案例。

信任是什么？信任就是相信对方是诚实、可信赖的。在社会科学中，信任被认为是一种依赖关系。在创投圈，信任他人意味着必须承受易受对方行为伤害所带来的风险，因此，承担易受伤害之风险的意愿就是创投圈信任的核心。

那么，当你们之间找不到互相熟悉的第三个人时，如何才能获得投资者的信任？

第一，必须要实话实说。这是一个在会见投资人时简单的行为准则。投资人的职业特点让他们具有清醒的头脑与较强的语言分析能力。因此请收起你的侥幸心理，在他们面前很难蒙混过关。原因很简单，你堵不住同一行业里其他人的嘴，而且事情之间或者人之间大多具有关联性。对投资人来说，很可能刚刚结束与你的会面，就给业内朋友打电话询问你刚才谈话内容的真实性了。他们能够轻易地掌握融资者所说的关键内容的真实性，如融资者从前的行业口碑如何，企业的真正盈利情况或者行业竞争的核心数据等。

对投资人而言，判断力是构建价值的基础，因此他们必须首先确保信息的可靠性。要知道创投并不是一个很大的圈子，六度人脉在这里可能只剩下两度，这类信息获取的"通路"广泛存在，根本堵不住。因此，实话实说就显得尤为必要。

如果连续三次，融资者给对方留下的印象是"我获得的信息和你口中的信息几乎没有分歧"，那么融资者就让这个投资人有了信任自己的基础。

第二，用客观事实代替主观臆断。它是获得投资人信任的另一个方法。因为客观事实是大家都认可的公正的存在，而主观臆断只能代表融资者个人的观点，融资者无法把它在短时间里强加给投资人，投资人也不会接受。因此在你说的故事里多增加客观事实有助于获得投资人的认可。

第三，正视自己的过去与失败。一个勇于在别人面前谈起自己失败的人往往更容易获得对方的好感。投资人不害怕创始人失败，真正害怕的是他不承认失败。能够承认自己失败表明这个融资者对失败进行了反思与分析，这是一种成长，是一种宝贵经验的积累，会有助于他今后规避风险，获得成功。

第四，抱有好的希望，同时做坏的打算。对于未来乐观的期望并不是通过态度来体现的，而是通过周密的准备来体现的。查理·芒格在《穷查理宝典》里提到过一条行事准则，"他这一生都在等待麻烦的到来，会不断考虑麻烦真正来了他会干点什么。而且，他有本事让自己不因这种等待和考虑而郁闷"。芒格是在这个世界上相当富有且思想成果被商界广泛认可的人之一，他的这种"成天思考麻烦"的举动，本身就是他成功的推力。

我们经常会看到很多创始人对未来乐观的预期，如实现一年"十倍"的营收增长或者"两个月"的上线预期。这很难打动投资人，因为你无法确定这些预期会不会实现，如何去实现，一旦实现不了怎么办？

很多人都不明白，对未来的预期，尤其是数字化的预期其目的不是为了"算得准"。因为在场的所有人都知道，现实的结果必然会和当初的设想有所偏差，无非是差多差少的问题。对未来预期的真正价值是逼着创始人去系统思考未来可能会遇上的麻烦，并想一想"自己在那时会干什么"。就像一位医生说的那样："看那些小问题不断，经常来检查诊治的人，我好像没见过猝死的；大多数突然猝死的病人反倒是常年跟医院没联系，自认为身体不错的人。"

通常情况下，如果一位创始人对未来的预期令投资人信任，比较有可能的情况是他给了一个没有"那么乐观"的预期，但在分析预期实现的过程中，投资人看到了他对不同困难的估计和考量，以及可能的解决手段。这是充分思考后的结论，有了这样一份思考的结论，投资人就很难对这位创始人"缺乏信任感"了。

第五，考虑对方的核心利益。融资路演的一个隐藏的本质是换位思考，它体现在整个融资谈判的各个阶段。大多数创始人在讲述过程中仅仅是谈如果有了钱项目或者企业能够如何如何发展，既空洞又与投资人无关。投资人考虑的问题是投资回报，而你的企业得到钱以后发展得多么好，未来多么灿烂，说实话和投资人一点关系都没有，他们在乎的是你能够在几年后给他们什么回报。因此想要打动投资人就要在你讲述的内容里涵盖他们关心的核心利益问题，如是否有上市的时间表，是否有健全的股权与分红机制等。

第六，用情怀打动投资人。尽管"情怀"这个词前几年已经被"玩坏"了，而且投资是一项理性的行为，但这并不表示融资者所展现出的"情怀"无法感染投资人，无法获得投资人私下里的认同与亲近。要知道，中国大多数的投资人都是具有企业经营管理背景的，他们在做企业这条路上走得比较早，因此对融资者的很多想法与追求都是有共鸣的，你可以把他们看成前辈和过来人。既然是具有相同经历的人，那么就易为情感所左右。情怀是以人的情感为基础与所发生的情绪相对应，因此如果融资者能够适当地在叙述的故事里加入情感的元素，让投资人产生一种共鸣，那么这种由于情感共鸣所形成的亲近感还是能够为融资者获得投资者信任加分的。

PART 2
讲故事的训练与技巧

前文我们分析了讲故事融资的好处，罗列了很多企业在融资路演的时候遭遇挫折的一些因素。无数的失败案例告诉我们，想通过讲故事的方式来打动投资人获得融资，如果没有技巧是万万不能成功的。因此讲故事也是需要训练的，它绝对不是站在路演台上拍着脑袋讲就能行的。在本书的第二部分我们就来重点谈一谈面对投资人讲故事的一些方法与技巧。

第 4 章　区分讲故事的对象

在谈具体的训练方法之前，我们首先要对讲故事的对象进行一下区分，根据对象的不同，故事的讲述方式与内容呈现方式有很大的区别。在漫长的商业历史中，有很多不错的故事流传了下来，很多成功的企业家都是讲故事的高手，但并不是所有故事都适合讲给投资人，因此，在设计故事剧本之前很有必要把"听众是谁"这个问题搞清楚。

对消费者讲故事

在听故事的人群里有一个很常见的群体就是消费者，他们是重要的倾听对象。一个好故事的价值在于它可以迎合听者的心理需求，激发听者的想象力。我们能够看到，无论是国内还是国外很多品牌都是通过讲故事的方式来植入消费者或者说客户的内心的。

北京同仁堂是全国中药行业著名的老字号，创建于 1669 年（清康熙八年），自 1723 年开始供奉御药，历经八代皇帝。这间比美国历史还长107年的百年老店,在其300多年的历史中一直都在小心呵护着自己的金字招牌,所谓"炮制虽繁必不敢省人工,品味虽贵必不敢减物力"的堂训,始终秉承着济世养生、取利于义的经营理念。

同仁堂的诞生有一个广为流传的故事。康熙少时曾得过一场怪病,全身红疹,奇痒无比,宫中御医束手无策,康熙心情抑郁,便微服出宫散心,信步走进一家小药铺,药铺郎中只开了便宜的大黄,嘱咐他泡水沐浴,康熙按照嘱咐,如法沐浴,迅速好转,不过三日便痊愈了。为了感谢郎中,康熙写下了"同修仁德,济世养生",并送给他一座大药堂,起名"同仁堂"。

1669年,同仁堂药铺落成。时过300多年,这间百年老店深深影响着几个世纪的中国人,一家平民小店与皇帝的故事,一个小郎中打败宫中御医的故事,在当时相当于今天的头版新闻,故事中高超的医术夹杂着传奇色彩,让消费者如痴如醉。

哈佛商学院的一项研究表明:95%的消费者对产品或者品牌的认知都存在于他们的潜意识里面。也就是说,在消费者做出消费决策时,大多数情况下都是非理性的,甚至有相当一部分都是冲动的结果。而相比其他形式而言,故事是一种比较容易潜入消费者潜意识的形式,它能够唤起消费者的消费冲动,这也是很多大品牌一直青睐于向消费者讲故事的原因。故事更容易让消费者对品牌、产品做出好的评价,而一个好故事的延展性和共鸣感之所以很强原因就在于它不仅能推销商品,还能传播道德观念、社会观点、思想意识等信息。让我们再来看下面的案例。

过桥米线是云南滇南地区特有的小吃，属滇菜系。过桥米线起源于蒙自地区。这种简易的实物如今已经走出云南风靡全国，深受消费者的喜爱。之所以如此，是因为除了食物味美，过桥米线的背后还有着几种不同版本的故事。

故事一：很早以前，有一个书生在云南南湖的湖心亭苦读书，他的妻子每天都要经过一座桥给这个书生送饭。有一天，妻子觉得丈夫很辛苦，就炖了只鸡放进土罐里准备送给丈夫吃，可是中途有事便耽搁了，回来发现土罐里的鸡还是热的，打开一看，鸡汤上面有一层厚厚的黄油，于是就用鸡油烫米线给丈夫吃，书生吃后赞不绝口。因为妻子每天送饭都要从南湖的桥上经过，所以书生给这道菜起名为"过桥米线"。

故事二：清咸丰年间（1851—1861），刘家庆在建水县城东门坡锁龙桥头开设小餐馆，早堂售小碗米线，晚堂卖饭菜。一天，有个从四川归来的"大新爷"从肉市买来脊肉，到小餐馆让店主人帮他把肉切成薄片，专门买了一大碗滚烫的肉汤，将薄肉片放进汤里烫熟，拌进葱花、芫姜、韭菜、辣椒等调料，又用小碗装米线，将长长的米线从小碗挑进大汤碗里拌汤料吃，店主人觉得这种吃法很特别，问他原委，对方回答是仿北方的涮羊肉吃法。以后他天天如此，带了脊肉到这个餐馆买碗肉汤吃米线，有人问他这叫什么米线？他说："我从桥东到桥西吃米线，人过桥来米线也过桥，就叫'过桥米线'吧！"从此许多人就都仿照他的吃法。刘家庆采用了那个四川人介绍的方法烹制脊肉汤配米线卖,"过桥米线"之名由此而来。

过桥米线更为人们熟知的是第一个故事,这个故事含有中国传统道德故事的显著特征,即故事中勤奋的秀才,甘愿孤独,一心求取功名;贤惠的妻子,不怕麻烦,尽力照顾丈夫起居。最后丈夫功成名就,夫贵妻荣,皆大欢喜。这样的故事更加符合中国消费者的审美观,同时又披上了"传说"的外衣,想不吸引人都难。让我们再来看下面这个案例。

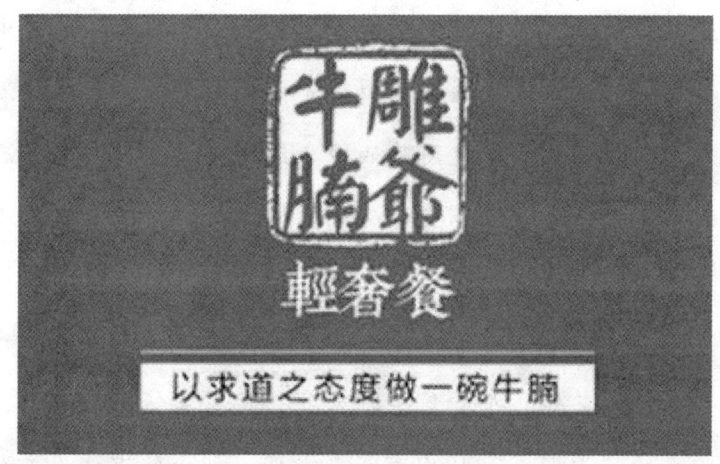

图4-1　雕爷牛腩

雕爷牛腩餐厅,是中国第一家"轻奢餐"餐饮品牌,其烹饪牛腩的秘方,是向周星驰电影《食神》中的原型人物香港食神戴龙以500万元购买而得。戴龙是周星驰电影《食神》里的原型,电影里的故事,有一半来自他本人,周星驰在电影筹备之初,拜其为师学习厨艺,那句"笨蛋,炒饭要用隔夜饭"就是戴龙给编到电影里的。一提到戴龙,大家自然会想到,被香港媒体多次报道的澳门赌王何鸿燊花5000港元吃了一碗戴龙亲手做的"皇帝炒饭"。大部分人不知道的是戴龙一生有两道菜最为得意：皇帝炒饭与食神牛腩。这两道菜，除何鸿燊外，李嘉诚、霍英东、郑裕彤、董建华等香港巨贾名流都深深钟爱，多次请戴龙到府上亲做。就连1997年香港回归当晚的国宴，因为戴龙是首席行政总厨，这两道菜也出现在了当时国家领导人的面前。戴龙曾说："一个真正的好厨师，考验的不是用名贵食材炫技，恰恰是最平凡的食材，做出淳朴而又令人心醉的味道，应该是吃完之后，数月乃至数年过去，嘴里还能念念不忘的味道。"

雕爷牛腩所讲的故事就是从这里开始。然而仅仅一个戴龙还无法达到让故事丰满的程度。于是雕爷牛腩在食材、细节等方面通通加入了故事元素。

例如，咖喱起源于印度，但流派甚多，日式咖喱、泰国咖喱、港式咖喱，乃至斯里兰卡、马来西亚等都有自己特殊的咖喱。但通常市面上所见之咖喱，为成本考量，不过是由基本的五六种香料所配，就算是一些顶级餐厅所提供的咖喱，也不过十余种香料。而"食神牛腩"所用的咖喱号称由21种香料所配，其中不乏来自斯里兰卡、巴基斯坦等国的珍贵香料，有些香料一克就近百元。食神戴龙为了这个配方，改进了20余年，"食神牛腩"一口下去，味道分为三层：

第一层是牛腩肉香顷刻间充满口腔，第二层为辛辣味道急速侵来，第三层辣味渐退，回甜缓缓升起。事实上，传统中餐对味道的理解，是不太讲究"层次感"一说的，这个评判角度主要来自法餐，尤其是米其林评星餐厅中，这个"味道层次感"维度对于评级极为重要。

故事到这里又提到了戴龙的经历,他曾在法国和多位米其林三星厨师切磋交流,互传厨艺秘籍,甚至获得了"法国厨皇会"荣誉主席的称号,以及法国蓝带马爹利烹饪大使资格。

故而这碗"食神牛腩",无论是香料来源还是厨艺理念,都很难归类为某个派别,只能说是万国万物,为我所用,二十年沉淀,融会贯通。

主菜的故事讲完后,接下来便是汤。戴龙在为李嘉诚、董建华等提供家宴料理时,常有女眷不喜食辣,不碰咖喱。所以戴龙便烹制了这道"鲍鱼牛骨上汤牛腩"。

鲍鱼的鲜美、牛骨的醇厚,再配以老母鸡、牛筋、冬菇等十余种食材,长时间熬制——和常见的猪骨浓汤不同,用牛骨熬汤,极为费料,所需时间和成本均数倍于猪骨汤。但妙处在于,牛骨汤与猪骨汤的区别,也仿佛牛排与猪排的区别。这碗鲍鱼牛骨汤中所配之面,舍弃了港人最喜的伊面,而选用手工现拉的拉面。它不是传统兰州拉面的面,因为面粉选用了加拿大进口 Ancient boat 小麦芯粉,更顺滑、更弹牙。

除了主菜的食材,雕爷牛腩餐厅对茶水也非常讲究。首先是消费者不必为上好的茶水付费,一落座,四款茶立即奉上。分别为西湖龙井、安溪铁观音、茉莉香片、云南普洱。茶水味道从清到重,颜色从淡到浓,工艺从不发酵、半发酵、到全发酵。而且,如果消费者喜欢某一款,可以无限量续杯。

作为主食的米饭也有讲头。食神牛腩所配送的米饭,分别为:

日本越光稻、蟹田糙米以及泰国香米。

  日本越光稻是日本国宝级大米，号称"世界米王"。由于日本并不对外出口，所以雕爷牛腩选用了在丹东移植的越光米。蟹田糙米从不施人工肥，纯靠水田中的螃蟹形成生态循环。糙米还因为不深度加工，保留了更多的营养物质，口感粗犷豪迈。泰国香米是泰国5000年水稻种植史上的骄傲，这种长粒米拥有特殊的茉莉清香，和牛腩混合后，会出现别具一格的美妙滋味。

  在配菜方面，雕爷牛腩以"时令"为故事亮点。为什么很多时候，植物香气不再？因为错过了时令。香椿只有"谷雨"之后那一个月内才最香。而冬笋，只有"立秋"前后挖出方美味。雕爷牛腩认为尽管依靠大棚和速冻等科学技术，植物类蔬菜四季可食，但入口时那种令人激动、悲伤、温暖、甚至哭泣的欲望，那种人类与美食的情感牵绊，却随之消失。这里雕爷牛腩引用了沈从文的名言："我一辈子走过许多地方的路，行过许多地方的桥，看过许多次数的云，喝过许多种类的酒，却只爱过一个正当最好年龄的人。"这样的引用更增添了故事的情感作用。

  更绝的是，到此雕爷牛腩的故事还没有讲完，这个故事的另一个高潮在餐具上被推了出来。

  雕爷牛腩所使用的筷子是甄选的缅甸"鸡翅木"，虽然低于紫檀、酸枝、黄花梨，但也算上品木材了。上面激光蚀刻着"雕爷牛腩"Logo，最关键的是消费者所用的筷子，都是全新，未曾被他人触碰，用餐完毕，奉上"筷衣"，当作礼品送给消费者带走，权当留念。

而在碗碟方面，雕爷牛腩请来了景德镇陶瓷泰斗、国宝级设计大师王锡良参与餐厅瓷器餐具的设计，要知道在新中国成立后，正当盛年的王锡良可是主持过"毛瓷"的设计与烧制。

这还不是全部，就是消费者看不到的刀都被赋予了故事色彩。

刀的故事是这样讲的：为了牛腩，雕爷牛腩不惜研发出了目前世界上第一昂贵的菜刀。从外形上讲，中餐做法为灵魂的食神牛腩，不适合西方的长方形刀具来切割，所以雕爷牛腩所用刀具遵循了中式古法半月刀的外形，选用大马士革钢来制刀。大马士革钢又有了一个新的故事，它是古波斯人不传之秘。第三次十字军东征时，伊斯兰世界最伟大的君主萨拉丁，亲手挥舞大马士革钢刀，斩断空中飘浮的纱巾，令当时英格兰国王狮心王查理大为震惊，由此大马士革钢刀的威名传遍世界。这种由"乌兹钢锭"锻造后的刀身，拥有海涛般的美丽纹理，古称"穆罕默德纹"，肉眼看不见，在显微镜下，这纹理是由无数小锯齿组成。所以在切割生牛腩时，行云流水，得心应手。

从上面的案例我们可以发现，雕爷牛腩从头到尾和消费者讲的都是故事，在一个大的故事里为每一个环节都设计出了一个个小的故事，这种纯粹由故事支撑起的企业与产品更加贴近消费者的情感，雕爷牛腩也因此在一面世就获得了成功。

一个故事的成功往往在于它能抓住大多数的或者最重要受众的想象力。综观那些成功的故事都有一些共同点。

第一，这些故事都是真实的。这里的"真实"并不是说它完全符合事实，而是说它会说得前后一致，说得可信。一个胡乱拼凑的故事，会让人立刻就能揪出其漏洞。

第二，好的故事都会体现承诺。它们会承诺趣味或金钱，安全或便捷。这种承诺非常大胆，正应如此它才值得一听。

第三，好的故事值得信赖。信任是当今社会一个人所拥有的最稀有的资源，没有人会相信任何人，而一个好的故事则会让人们产生信任感，就像同仁堂的故事一样。

第四，好故事能迅速捕获人心。它能在第一时间引起消费者的注意。要知道第一印象的影响力远比后来絮絮叨叨的描述以取得信任的影响力要大得多。因此，故事并不需要多么长，而仅仅需要恰好符合消费者的世界观，符合他们的期望。

第五，好的故事不会面面俱到。人们对生活的看法五花八门，喜好也千差万别。如果想让故事迎合每一个人，那么最终会一个人都吸引不了。那些取得了巨大成功的故事恰恰是因为符合了一小部分受众的世界观，然后这一小部分人又四处传播才使故事的影响力越来越大。

第六，好的故事不会自相矛盾。消费者是非常聪明的，前后矛盾的故事他们一眼就能看穿。

第七，最重要的是一个好的故事是符合大众世界观的。它们不会教给人们什么新的东西，相反，它们是与倾听者已经认同的观点相吻合，而且告诉倾听者他们的这些观点是如何正确，这样的故事才会让倾听者觉得自己很聪明并感到安全。

还有很多企业所讲的故事非常具有创造力，这些故事也同样达到了吸引消费者的目的，让我们来看下面两个案例。

旧Logo

新Logo

图4-2　google "99.9%的人都没有发现的改动"

Google在人们心目中并不是一个很善于讲故事的企业，但它下面的这个原创故事讲得非常好。

很多人一定没有注意到，谷歌悄悄更改了自己的Logo。新标志的变化十分细微，一般人很难看出来，其原有标识中的G和l稍稍挪动了一点位置，G向右侧移动了一个像素，l向右下方移动了一个像素。Google把这个故事的标题定为"99.9%的人都没有发现的改动"，网友马上就被激发起了去发现的"兴趣"，每个人都争相成就那0.1%的人。于是，一次改动成了一个故事，一个故事成就了一次传播。谷歌把这个故事讲出来，同时也展现出品牌一丝不苟、精益求精的形象。

为了不让消费者在星巴克排队的时候感到无聊，2016年12月，星巴克在其官网、APP、Facebook、Instagram、Youtube等频道播出

图4-3 星巴克1st & Main 动画短片

了名为 1st & Main 的动画短片,该系列总共7集,每集片长在60~90s。

制作动画片是星巴克在数字内容方面的又一次新尝试,面对扩张化的社会化媒体营销,星巴克正在尝试用内容与消费者发生联系。

在风格上,动画片以画风古怪的小动物为主角,包括带着粉色眼镜的店长棕熊Julie、留着小胡子的咖啡师狸猫Diego、坐在带轮子的鱼缸里的店员章鱼Iggy,以及一直泡在星巴克的常客河狸Chet……这个系列动画短片更大的意义在于继续以数字化的方式传播星巴克的文化——门店文化、伙伴文化,当然还有更重要的顾客文化。

为消费者讲故事的方式有很多,但都是以情感共鸣为出发点对故事进行设计的。与此不同的是,对投资人讲故事如果依旧采用上述的方式则不容易行得通,它需要的是另一种故事逻辑与故事呈现方式。

对投资人讲故事

对投资人讲故事其实就是对一群专业的人叙述专业的故事。现实中很多情况是融资者要向投资人证明自己的项目是有前景的，于是就会把所有证据都列出来，分别塞进商业计划书里，就像一个电影导演把所有拍摄的镜头统统塞进电影里一样。试问这样的电影你会爱看吗？

这样的呈现方式是不对的，融资者必须要搞清楚一点，面对投资人你的首要任务不是向投资人证明项目有多好，而是要通过"讲故事"的方式让他认可这个故事有多好。就如同电影编剧和导演，不是拿着大牌演员、逼真的道具、绚丽的服装等让观众感动，而是让他们进入你的故事情节，被故事本身感动。

下面让我们看看甘其食这个包子品牌的故事是如何讲的。

图4-4 "甘其食"

"甘其食、美其服、安其居、乐其俗。"这段话出自《老子·道德经》。几千年前，在中国哲学家老子的心中，理想社会中的居民应该如此生活：他们吃着健康、美味的食物，穿着得体、美丽的服装，居住在舒适、便捷的房子里，尊重并继承着祖先的优良传统。"甘其食"这个品牌的寓意正由此而来。

"甘其食"的创始人童启华毕业于同济大学自动化控制专业。从上大学开始，童启华就发现自己喜欢商业。他卖过服装，开过美发店、网吧，也涉足过餐饮业。似乎每做一件事情他都能赚钱，但是童启华知道，这些都不是自己真正喜爱的事业。经过多年的摸索，他选择了做包子，而这一选择来源于他童年时期对包子的美好回忆，那是一种幸福的味道："我小时候，包子带给我很多很美好的感受。我爷爷说了，明天带我去集市。然后奖励就是，如果我没给他捣乱，中午就带我去吃个包子。我就觉得我会有包子吃，特别美好。"

在童启华看来，包子是一道颇受欢迎的中国传统美食。包子在老百姓心中是柔软、美味而又温暖的食物。然而，包子虽深受喜爱，但中国真正有影响力的包子品牌却很少。自此，他开始了长达四年的市场研究和创业准备。

2009年7月，童启华的首家包子店在杭州文一西路开业，取名"甘其食"，源于老子对百姓食仪的理解，意为要百姓吃得好。"甘其食"店一开业，就以健康美味的食品、快捷便利的购买方式，迅速获得了消费者的认同。

"生包子重量是100克，60克皮、40克馅料，误差范围不超过2克""甘其食晚上8点就关门，保证员工的休息时间""春节期间，甘其食照常营业，甚至大年三十也是"。这是"甘其食"构建的独特故事基因。

这样几近严苛的"标准"还有很多，在童启华眼里，细节上的挑剔，既确保了食物的安全和口感，也保证了在上百家门店包子的统一品质。从原料采购到包子的制作，包括在上海设立中央厨房，建立自己的培训学校，员工接受标准化培训等，确保了包子的整个生产过程几乎是完全一样。这样顾客在任何一家"甘其食"门店买到的包子，味道都是一样鲜美。童启华真正地把包子做到了标准化生产。

标准化的生产流程，近乎苛刻的选材，使"甘其食"在短短几年内迅速壮大，成为杭州市民家喻户晓的品牌。这个卖价只有2元的小包子，也获得了近1亿元的风险投资，创造了迄今为止传统包子行业唯一一家获得大额风投的企业纪录。

上面的案例里，"甘其食"通过名字的故事传达出了一种中国饮食文化；通过"相差不超过2克"这个故事，很有效地传达了产品的标准化；通过"晚8点关门"来传达甘其食的"爱"。让我们再看下面这个案例。

艾利克斯·怀特（Alex White）是 Next Big Sound at Pandora 的总裁。他的公司专注于预测研究以及跨平台测量。创立 Next Big Sound 的时候，怀特才22岁，他的另外两个合伙人才21岁。那时摆在他们面前的难题是，怎样去游说投资人把钱投到他们这几个黄毛小子身上。

怀特的故事发生在2009年音乐产业面临转折点的时候。怀特曾经接触过这个行业，其实就是在某知名公司里做过实习生，主要职责只是汇报每周 CD 的销量。

但这一点却尤为重要。因为怀特因此拥有了数据，他可以告诉同行，他们忽略了一些人们投入了更多时间和注意力的地方。在怀特看来，这正是建立数据公司去追踪这些信息的黄金时机。

风险投资人大都嫌弃音乐行业，不过他们却钟情于数据分析行业。这就是怀特的切入点。在怀特给投资人所讲的故事里，他把音乐描绘为下一个被数据革新的产业，而 Next Big Sound 将成为这个创举的"领头羊"。

与投资人周旋了好几个月的经验告诉怀特，以音乐为中心版本的融资故事无法打动投资人。于是怀特开始用更多客观的例子来增强故事的说服力。2009 年 6 月，迈克尔·杰克逊去世，为了给投资人展示数据的作用，怀特告诉他们，自杰克逊去世之后，他专辑的实际销量上涨了 10 倍，但是与杰克逊相关的网络活跃度却上涨了 100 倍。很明显，专辑的销量并不能反映出其他潜在的兴趣。

是否站在投资者的角度看待问题决定了你的故事能否切中要害。同时，怀特深知他需要帮助投资者去了解自己，而年龄应该成为加分项而不是扣分项。说到底，融资是个人化的，每一个创始人都有和其他创始人不同的独特优势，而这些优势正是挖掘故事的宝藏。

在怀特的团队创业的头三年里，他们三个和第一批招进来的另外三名员工同住在一个房子里，这构成了怀特故事中"低支出"的部分。那么怀特有什么独特的挖人技巧？他怎样凭着自身吸引力从以前任职的公司里挖到最有才能的工程师？这也是故事中重要的一部分。

一个来自科罗拉多博尔德的小团队在面对其他跨国软件公司时，优势在哪里？怀特说他很庆幸在 Facebook 成立的那年步入大学，因此得以与现代技术一起成长。

怀特回忆说："当我站在会议室中间向各位投资人做报告时，我看起来比那些年长我许多的竞争对手更像是能代表新科技的一代。更何况，尽管我年轻，但在我踏入这个会议室之前，也已经身经百战。我很清楚我的展示哪部分最令人热血沸腾，也清楚哪部分会偶尔让人走神。我渐渐学会了根据不同的投资人微调每一次的展示。"

每次为见新投资人而打磨一个新故事时，怀特的铁三角创始团队都会先演练试讲。然后根据第一次演练的结果对故事做出修改，并很快又会再次进行第二次试讲。第二次试讲怀特会邀请更多的人，包括 Next Big Sound 的董事长，公司现有的或潜在的客户、供应商、合作者、投资人，或者只是公司的朋友等。这些有多年相关经验的人会给"故事"提供很多好的建议，使怀特的创始团队能够及时地更改完善。

就这样，当怀特与小伙伴们在会议、在路演、在销售宣讲会又或者在全员大会上向公众讲述这个故事时，这个故事已经经过千锤百炼了。

从上面的案例我们能够看到，对于投资人来说，一个好的故事应该包括以下几个方面：第一是你们提供什么；第二是你们为谁服务；第三是你们有何与众不同之处。

"你们提供什么"这部分是对项目所进入市场的需求所做的

描述。

"为谁服务"则是把消费者作为所讲故事的核心。有了他们你的公司才得以存在，你们的宗旨也是要服务于消费者，他们是你故事这部分真正的主角。

"你们有何与众不同"这部分不能仅仅列出特色，更应该说明团队中有哪些成员，公司的价值观是怎样的以及你们所信奉的原则。公司的不同之处将会影响到整个公司的文化、招聘和留住人才的能力、团队推出的产品服务以及团队的长期发展。这是投资人非常看重的方面。

按照上述讲故事的几个要素，对投资人讲述的故事就应当是："我们发现有些人面临一些问题，我要为他们提供一种产品或服务让他们去解决这些问题；这个问题具有一定的普遍性，通过我的产品或服务能够从用户那里获得收益。我们之所以能够做好这个产品或服务，是因为我们有一帮能力互补、合作良好的团队支撑。目前，这个市场处于快速成长时期，其中的几个竞争对手的产品竞争力不强，未来的市场空间会更大，我们公司有机会成为行业领导者。"

参加首场"创客中国·华西汇"的融资项目"客车码头"在产品还未成型的情况下便敲定了 300 万元人民币的天使融资，1 个月后，"客车码头"PC 端与手机端的应用才正式上线。为什么能够做到产品还没出来就先拿到了投资人的钱？"客车码头"依靠的就是一个逻辑严谨的"故事"。

在"客车码头"向投资人描述的故事里，"我们提供什么"被这样描述："客车码头"是基于LBS的旅游客车服务撮合平台，意在为旅行社及旅游车辆建立一个信息透明、时效性强的供需平台。旅行社可以在"客车码头"发布详细的用车需求，如人数、路线、时间等信息。同时，具备资质的旅游车主可以在客车码头发布自己的车辆信息，包括空载信息、往返信息等。"客车码头"将为供需双方进行合理匹配。

"为谁服务"则被"客车码头"通过生动的故事展现了出来：创始人石丰源在考察项目的时候发现，旅游客运行业除部分大巴是自营的之外，大部分都采用大巴司机自己购车后挂靠车队的模式，每月30天的时间当中，至少有8~10天大巴是空闲出来的。经过调研，石丰源还发现，很多旅行社的线路需要的旅行大巴全部都靠车队或旅行社的调度员来调度，并不能直接和大巴司机产生精准对接，也不一定能找到最适合的价格。在调度的过程中，有30%~40%的大巴司机还会遇到"空返"问题。例如，南京到杭州的一个旅游线路，并不一定是同一辆车从头跟到尾，很可能这个司机开车去了杭州，但回来的时候却面临空返。这样就完全是一种资源的浪费。如果正好有一个需求，是从杭州回到南京，那么司机如果能获取这个信息，就可以打通信息壁垒，哪怕是比正常的价格低一些，司机也愿意走这些"顺路单"。

"客车码头"的"与众不同之处"被描述为客车码头的创始团队有6人。朱峰瑞是连续创业者，从事过投资、房产开发、再生资源等多个行业。他的父辈从20世纪80年代初就从事客运行业，他本人从事客运行业也已逾22年。另一位创始人石丰源，在大学毕业的两年内将父亲的小修理厂做成了宇通客车售后服务的全国第一名。联合创始人徐昱曾是运满满的 iOS 司机端开发者，联合创始人程鹏参与并完成了多项国家级的科研项目，涉足信息安全、定位技术、图像识别、人工智能等多个领域。

除此之外，"客车码头"在盈利模式上并未在信息交易的过程中抽取服务费，而是计划逐渐运营自有车辆，其电动新能源车辆即将投入使用。目前，在"客车码头"的注册旅游车辆有4000多辆，旅行社在1000家以上。现阶段，"客车码头"的服务范围在南京地区，下一步会逐步扩大至长三角地带，未来3年内会在全国的多个城市设立运营中心。在安全方面，"客车码头"实施"零黑车"出行，所有注册认证车辆必须证照齐全，接受主管部门监管。对于车主及乘客，一旦发生交通事故，"客车码头"平台将会为其提供全部担保。

在未来，"客车码头"希望能够带动新型的客运行业生态圈，使信息更透明，空车率降低，资源配置更合理。

"客车码头"讲给投资人的故事包含了一个好故事的所有要素，因此它才能够获得最后的成功。让我们再来看下面这个案例。

图4-5　乐车邦

"乐车邦"是一个聚焦于整合4S店服务网络的售后电商交易平台。2015年4月，"乐车邦"获得了红杉资本不多见的种子轮投资；同年6月，乐车邦APP上线。在汽车后市场，融资走在产品前面的案例并不多见。2015年第四季度，"乐车邦"完成由均胜电子领投、百度和红杉资本跟投的A轮融资。

　　"乐车邦"为投资人讲述的项目故事的商业逻辑在于：原来直接和4S店交易的车主，改变消费方式，在"乐车邦"平台交易并预约4S店服务；"乐车邦"整合4S店的闲置工位，拿到折扣价，并与其结算；4S店为车主提供落地服务，且承诺所有服务为4S店全流程，零件均为原厂件；"乐车邦"作为第三方服务平台，一方面为车主提供有竞争力的服务价格，另一方面为4S店带来线下客户。

　　这个故事的精彩之处在于"乐车邦"挖掘出的项目痛点。一方面，几年前4S店的生存状况远远没有这么严峻，主要盈利来源是新车销售，售后业务占比非常不起眼。因此这个阶段涌现出的创业平台，所能够整合的4S店资源非常有限。而近两年，新车销售市场价格越来越透明，竞争主战场逐渐转向售后，这也成为经销商未来盈利的主要来源。

　　另一方面，4S店售后因为价格不透明饱受诟病，尤其是2015年央视"3·15"晚会曝光之后，大量客户在流失。售后利润增长需求与客户流失的矛盾愈演愈烈，4S店开始认清"坚守高价格只会失去用户"的事实，纷纷踏上了"求生存"的变革之路。

　　"乐车邦"切入市场牢牢抓住的正是4S店这两大痛点，"乐车邦"要做的就是一边大量整合4S店的闲置工位，一边整合各路线上线下流量资源，大幅度提高行业效率，使车主以有竞争力的价格享受"4S店的服务"，让车主没有理由离开4S店。

同时"乐车邦"的创业团队也足够出彩。创始人林金文之前为国内某知名汽车经销商集团的CEO，把这家集团从年销售额几十亿元人民币带到了年销售额235亿元人民币。技术和市场团队大部分来自携程，商务团队也在汽车行业拥有丰富的实战经验。在对行业的深刻理解以及从业者的心态把握上，林金文和他的团队拥有优势。

目前"乐车邦"平台用户数有200多万，合作4S店1100家，覆盖全国12座城市；平台价格是4S店价格的7折左右，折扣价包含配件和工时费，接近甚至低于社会修理厂；用户复购率67%以上（按5个月内产生二次交易的频次来统计）；在获取C端流量方面，2015年10月，"乐车邦"入驻百度地图后台成为4S店保养唯一供应商；11月在天猫开设旗舰店，"双11"汽车会场共20个车品保养独揽9个；12月进入腾讯汽车微信平台，成为唯一汽车保养供应商；进入百度糯米手机端，进入大众点评手机端……

一个好的融资故事，重点不在于去描述怎么挣钱，而是明确告诉投资人这件事能挣钱。因此这个故事里就应该包含行业环境、项目介绍、拥有资源、盈利模式等几个主要环节。例如，上面案例中的"乐车邦"所在的汽车后市场的产能过剩和碎片化是大背景，帮助线下服务商与消费者提高交易效率的平台是一个行业的发展机会。后市场最缺乏的是信任，最关键的是如何让优质服务商更高效地利用闲置产能，同时符合车主的需求，做到了这一点平台就有价值。

我们再以2017年3月刚刚获得融资的ofo小黄车为例，它的行业环境就是：共享单车行业发展迅速，正在受到市场热捧；它的项目介绍就应该为：以共享为核心满足用户短距离出行的需求；此次融资主要用于扩大车辆覆盖，计划在2017年底覆盖200个城市，并渗透到四线城市。拥有的资源则是单车数量超过100万辆，覆盖40个城市。盈利模式则是骑车时的租用费以及之后还会有的广告费收入等。如果在你的故事里包含这些元素，那么获得投资人认同的概率自然就会提升。

综上我们能够发现，把消费者与投资者作为不同的讲故事对象，所讲的故事是有显著差别的。

首先，和对投资人讲故事相比，对消费者所讲的故事空间更大，自由度更强，故事所涵盖的内容更为广阔。

其次，尽管针对这两个对象所讲的故事都可以把情怀融入其中，但投资人很少会为情怀埋单，他们判断的依据一定更客观；而消费者则不同，如果你的故事能够唤起他的冲动，那么他是不吝于为此埋单的。

最后，对投资人讲故事的故事结构基本上是确定不变的，而对消费者所讲的故事则大为不同，通过前文的案例我们也能够看到，故事的形式、内容、切入点都有很大的区别，甚至新奇的表现方式也会起到不错的效果。而对于投资人讲故事则更需要严谨的结构，需要一些必备的要素以及精确地表达，任何激发想象的不确切的话语都是不被提倡的，这是两者的一个显著区别。

第 5 章　从讲自己过去的故事开始

从本章开始我们就要进入正题，谈一谈在融资路演场景里讲故事所需要具备的技巧与能力。了解这些内容能够帮助融资者更好地诠释自己的项目，从而提升路演成功率，获得投资人的青睐。本章就让我们首先从讲自己过去的故事开始。

投资人不知道你的未来，但知道你的过去

在融资路演的场景中有一条不成文的规定，就是路演者有一部分内容是必须要说的，那就是"关于你的过去的故事"。投资人会很关注这方面的内容，因为他们虽然不知道你的未来，但能够知道你的过去，他们会通过对你过去故事的评判来合理化你的未来。要知道，你的事业并不是独家，你的项目也不是独创，只有你的过去才是绝对独家的故事。

讲述自己过去经历的故事的目的有两个：一是为了让投资人更加了解自己；二是需要通过你过去所做的事情来与未来即将要做的事产生关联，从而打动投资人。

这里面大有文章。让我们来看下面这两种不同的关于过去的故事。

当路演主持人介绍一位新的路演者时这样说:"下面即将上场的这个人他经历过3次创业失败,但这些挫折无法熄灭他创业的激情。"

这样的开场好不好呢?答案是"这不是一个好的开场"。

为什么?因为这个开场尽管想要体现路演者饱满的创业激情与不服输的精神,但他的表达方式非常不恰当,它采用了"放大失败"的方式。投资人听到这样的开场就会想:"这家伙输了那么多次,把钱都赔光了还要到这里来要钱。他或许有想法,但却没有实现想法的能力。"

当路演主持人介绍另一位新的路演者时,是这样说的:"下面即将上场的这个人曾经在上一家企业里担任高管,在他任职期间为那家企业带来了年度业绩50%的提升,如今他准备自己出来创业,希望能够与在场的投资人深入交流。"

这样的开场效果如何呢?答案是"比上一个开场要好很多"。原因就在于这个开场带给投资人的感受是"这个人虽然没有钱,但是有经营管理的能力"。

如果让投资人从上面两位路演者之中选择一个来投的话,投资人无疑会选择后者。

从上面这个小案例中我们可以感受到在对投资人讲述自己过去

的故事时是有很多技巧的。你所透露的过去的信息对投资人所产生的心理影响巨大，千万不要低估了这一点。

那么，投资人从你过去的故事里到底想要挖掘出什么呢？总结起来包括以下几点：

1. 投资人看的是路演者的个人能力

因为一个人的能力是通过过去展现出来的，它包括管理能力、领导能力、应变能力、规划能力等。从路演者对过去的描述，投资人希望能够看到路演者综合能力的展现。

2. 投资人希望听到路演者合伙人方面的情况

投资人希望看到路演者的合伙人团队是否一直跟随在身边，还是在失败后团队成员各奔东西。如果在失败后团队成员作鸟兽散，那么一定是团队领导者的管理能力有问题。要知道团队管理最能够体现一个领导者的人品，投资人恰恰非常关注人品这个问题。让我们来看下面这个案例。

雷士照明创立于1998年底，是一家上市公司。但它的董事长吴长江却从来没有想过自己最后会倒在一手创立的基业上，他也成了中国民营企业史上唯一一位三次被资本方赶出来的企业家。联合创始人与他割袍断义，投资者与他反目成仇，曾经一拍即合的兄弟与他对簿公堂，一直力挺他的经销商也在利益抉择中摇摆。

1994年吴长江开始创业，总资本10万元、股东6人的惠州明辉电器公司成立，由吴长江全面负责。3年后，吴长江完成了资本的原始积累，和高中的2个同学凑了100万元，创立了雷士照明有限公司，吴长江出资45万元，占股45%，同学合计占股55%。到了2005年，"雷士"销售额超过了8亿元，成为国内最大的灯具企业。

从2002年开始，雷士照明进入高速发展期，每年有几千万元的利润，但3个合伙人之间却开始产生矛盾。分红的时候，吴长江分红多了，另外两人心理不舒服，要三个人一样。吴长江同意了，进行股权调整，三人股权变成均等，都是33.3%。

2005年，因为公司继续壮大发展，吴长江与另外两个创始人又因为分红问题产生了矛盾，三个人最终闹掰。另外两人行使投票权，要吴长江拿8000万元彻底退出"雷士"。

然而，就在吴长江签订协议退出后的第3天，事情发生了戏剧性的变化。全国各地200多个供应商和经销商，还有公司的中高层干部，集体反水逼宫，赶走两位合伙人，迎立吴长江。

合伙人退出要拿走1.6亿股权转让金，公司一时间很难凑齐，于是两位曾经的公司开业元勋把"雷士"告上法庭，要求冻结账目，彻底核查赔偿。一时间"雷士"资金链紧张，危在旦夕。

虽然最终从两位合伙人手中拿回了"雷士"100%的股权，但按照三方约定，吴长江要向两位创始人首付1亿元，并要在2006年6月30日前付清另外的6000万元，否则对方将有权利拍卖"雷士"的品牌及公司资产。

为了支付"分手费"，吴长江找到软银赛富加入，随着软银赛富成为雷士第一大股东，吴长江被迫辞去董事会的所有职务及控制权；之后吴长江联手德豪润达重夺"雷士"控制权，在德豪润达董事长王冬雷力荐下吴长江重返"雷士"；然而好景不长，2014年吴长江在95.8%的董事会投票决议中被罢免，雷士照明于2014年8月8日晚间在香港交易所发布公告，宣布罢免吴长江的CEO职务。2015年1月吴长江因涉嫌"挪用资金罪"被逮捕。

作为草根大学生，吴长江跟随中国制造的脚步成长，本来按照主流意识来看吴长江可以成为楷模，但却因不懂、不讲公司治理而锒铛入狱。

把公众公司当作个人公司，这是吴长江的悲剧所在。细细分析，吴长江的悲剧是他一步步造成的。在公司还未上市前，吸收的资金太多，稀释股权太快，给公司埋下了祸根和后期股权变动隐患。公司发展速度和用钱协调不均衡，导致财务投资人成为第一大股东，吴长江本人的实际控制权被削弱。而吴长江不讲公司治理规则也缺乏契约精神，最终失去了投资人的帮助，在2012年遭遇大权旁落，也就不奇怪了。

虽然经过多年打拼吴长江创立了一个优秀品牌，创建了一家上市公司，但他也养成了一种行为习惯，认为自己创办的公司就是自己的，忽略了其他股东的利益。用上市公司作担保，为自己实际掌控的公司谋求银行贷款，最终因自己公司出了问题，连累了上市公司。

此外，吴长江还通过一些方法资助小兄弟做生意，给自己和太太建立小金库，这类行为在雷士照明上市前就已经存在，上市后依然存在，很显然吴长江有惯性思维，那就是把公司当成了自己家的。

从雷士照明的案例里我们可以看到其董事长吴长江先后三次组

建团队，但却三次与不同的团队成员闹翻，以至于最后失去了自己亲手打造的公司。第一次是公司创建之时，吴长江与两个合伙人因分红问题闹翻；第二次是吴长江通过软银赛富融资后与软银赛富投资人闹翻被赶出公司；第三次则是吴长江再次融资引入德豪润达后又与其翻脸，直到最后锒铛入狱。

三个不同的合伙人团队最终都离吴长江而去，足以说明吴长江在领导团队方面存在着明显的问题，他的经历成了投资领域的前车之鉴。这就是投资人为什么希望听到路演者合伙人方面情况的最重要原因。

3. 投资人还希望从路演者过去的故事中了解路演者在失败后是如何去处理失败的

对一个创业者而言，失败是经常会出现的，投资人也非常清楚这一点。但很多路演者都不愿意谈及自己曾经的失败，甚至是羞于提到哪怕是任何一点点与失败相关的字眼，其实这是一个非常错误的意识。在你为融资而讲的故事里不能够光讲"长板"，而不讲"短板"。

举个简单的例子，一个人与别人谈恋爱，讲的都是自己有车子有房子，这些都是"长板"，但这个人唯一的"短板"就是已经结婚了，但他不讲。一旦双方发展深入后，这个"短板"就会成为影响双方最为致命的要素，不仅恋爱双方无法修成正果，而且还充分说明了这个人人品存在很大的问题。

所以有一种说法，融资找投资人其实就像是在找伴侣一样。投资人不仅要了解你的"长板"是什么，更要清楚你的"短板"是什么。因此在路演时讲述失败与自己的短板并不是羞耻的事情，反而更有利于投资人对你做出正确的判断。

投资人不会纠缠于路演者的失败经历，而更希望看到路演者在失败后处理失败的方式与方法，失败后如何爬起来以及欠别人的如何还给人家……对于失败经历的描述，路演者应该有以下内容的呈现。

首先，诚恳、真挚地对待帮助过自己或被自己的失败伤害了的合伙人或团队成员。对于在创业初期或创业过程中帮助过你的人，一定要诚恳、真挚地对待他们，尤其是那些给你提供了创业资金的人。在失败的时候千万不要躲避他们，也不要隐瞒他们，更不要欺骗他们。如实地把你的境况告诉他们，求得他们对你的理解。要勇敢地承认你对他们的负债，并且承诺他们的债权永远有效，在你有能力时一定分期偿还，这才是正确处理失败的方式。

其次，还要请清醒明白的朋友帮助你分析现实的处境并提供对策。再冷静的创业者在失败来临后往往也不能清醒地对待自己的处境，应了那句"不识庐山真面目，只缘身在此山中"。因为你是当事人，失败的结果正是由于你的操作造成的，在这个时候，仍然只相信自己就显得过于盲目自信。

再次，要梳理那些还存在着的资源。"失败后还拥有些什么"是失败的创业者必须面对的严酷现实。资源包括固定资产、现金、商标、专利、土地、专有技术、公共关系、客户……这些资源中的很多都不会因为失败而消失，因此找到那些有价值的资源正是创业者今后翻身再创业的前提条件。面对失败重要的一步就是对现有资源的重新组合。

最后，反思失败的原因。但这之中有一点一定要注意，那就是失败的原因也许不能在短期内找到，因此你可能需要花费几个月甚至数年的时间来反思。

经历失败后还有一点最重要，那就是仍然不放弃地抓住身边的机会。如果创业者能够在最短的时间里控制住自己的情绪，学习新的理论和别人的成功经验以及学习你能够掌握的新的知识，这些行动都将被投资人视为带有正能量的加分行为。

在投资人的眼中，能够抓住机会的人一定是不断充实和改造自己的知识结构并对现代商业有敏锐感知力的人。当机会来临时，有人看不见，有人看得见、抓不到，有人看见了也抓到了但却没有成功，还有人看见了、抓到了同时也把机会变成了金钱，投资人肯定希望路演者是最后一种人。

4. 投资人希望能够从路演者过去的故事中看到路演者所展示出的情商

如今这个时代是一个情商决定成败的时代，一个人的成功在很大程度上要依靠情商。前文案例里雷士照明的董事长吴长江或许是一个非常聪明的人，但他的情商一定不高，所有合伙人都离他而去就是最好的证明。

所谓情商主要是指人在情绪、意志、耐受挫折等方面的品质，总的来讲，人与人之间的情商并无明显的先天差别，更多是与后天的培养息息相关。从最简单的层次上下定义，提高情商是把不能控制情绪的部分变为可以控制情绪，从而增强理解他人及与他人相处的能力。这种能力是由5种特征构成的,包括自我意识、控制情绪、自我激励、认知他人情绪和处理人际关系。

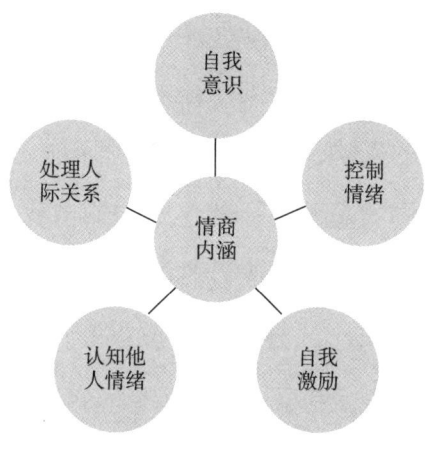

图5-1 情商内涵

自我意识指的是监视情绪时时刻刻的变化,能够察觉某种情绪的出现,观察和审视自己的内心世界,它是情绪智商的核心,只有认识自己,才能成为自己生活的主宰。

控制情绪指的是调控自己的情绪,使之适时适度地表现出来,即能调控自己。

自我激励则是指能够依据活动的某种目标,调动、指挥情绪的能力,它能够使人走出生命中的低潮,重新出发。

认知他人情绪是指能够通过细微的社会信号,敏感地感受到他人的需求与欲望,这是与他人正常交往,实现顺利沟通的基础。

处理人际关系则指的是调控自己与他人的情绪反应的技巧。

基于上述几个方面,较高的情商往往表现为:拥有自我意识;心理承受能力强,能够进行自我调节;能够积极乐观地看待世界;

能够揣测他人动机和心理；拥有较好的人际关系；能够对事情和问题做出判断；自信而不自满，乐观、幽默；能站在别人的角度想问题；做事不怕难，心理承受能力强，能应对大多数的问题……

而与此相反，较低的情商则往往表现为：自我意识差，没有自信，容易受到他人的影响，自己的目标不明确，严重依赖他人；把自尊建立在他人认同的基础上；缺乏坚定的自我意识；说话和做事时从不考虑别人的感受，经常大发脾气，处理人际关系能力差；应对焦虑能力差；生活无序，爱抱怨；总喜欢为自己的失败找借口，推卸责任；做事怕困难，胆量小；心理承受能力差，承受不住打击；对生活感到悲观绝望……

如今，人们面对的是快节奏的生活、高负荷的工作和复杂的人际关系，如果没有较高的情商是难以获得成功的，情商甚至会影响到智商的发挥。情商高的人，人们都喜欢同他交往，他总是能得到众多人的拥护和支持。要知道当今社会人际关系已经成为一个重要的资源，良好的人际关系往往能获得更多成功的机会。因此投资人会格外留意路演者所展示出的情商情况，以此作为他们选择投资标的的重要依据。

上述这些内容就是投资人希望从路演者那里获得的有关路演者过去的信息，尽管描述过去仅仅只需要短短 2 分钟时间，但其中包含的信息量却非常巨大。因此在路演准备的时候，融资者必须要对这部分内容按要点进行梳理，以此来保证所有必须要讲的内容不会出现遗漏。

故事一:"我是谁"

在项目路演时,路演者对过去的描述内容有以下几点是必须要涉及的,笔者把它们称为"描述过去的四个'必谈'"。它们包括:"我是谁","我过去做了哪些事","为什么要做这件事"以及"为做成这件事我做了哪些努力"。

本节首先讲第一个"必谈"内容——"我是谁"。笔者把这部分内容称为"原生家庭"介绍。原生家庭指的是父母的家庭,这部分内容是需要讲的,但大多数融资者都不会去谈。他们可能觉得自己的原生家庭并不是投资人感兴趣的地方,实则不然。

即使是两个人谈恋爱也会互相了解对方的家庭情况,更何况是拿钱给你的投资人。投资人会认为我和台上的路演者是那么陌生,唯一能够让我投资给你的理由就是基于那么一点点的信任。而你为投资人讲故事的真正目的就在于让他们信任你,然后才是愿意为你投资。就像谈恋爱一样,为什么一个女孩子愿意跟随在你身边,并不仅仅是因为你的那些"长板",更重要的是她对你产生的信任感情。

那么,这种信任从何而来?对原生家庭的描述就能够帮助你获得一些投资人信任度的加分。在这里对原生家庭的描述可以采用一语带过的方式,不用展开细说,因为留给你讲述过去的时间并不多,最多也就 2 分钟而已。例如,你可以这样来描述:"我是来自大山的孩子,我父母都是山里的农民,他们把我养大,我终于也没有辜负他们的期望,考上了大学……",话到这里你就要特别注意了,在下面的内容里你要谈到为父母做了些什么来回报他们。

在这里笔者提供两种说法，读者朋友们可以比较一下，哪一种更好。

第一种说法："我是来自大山的孩子，我父母都是山里的农民，他们把我养大，我终于也没有辜负他们的期望，考上了大学。现在我在外面创业，我的梦想就是希望用3年时间能够在北京买一个房子，然后让父母离开大山，把他们接到北京来安享晚年。"

第二种说法："我是来自大山的孩子，我父母都是山里的农民，他们把我养大，我终于也没有辜负他们的期望，考上了大学，现在我已经把父母接到了北京，虽然房子是租的并不大，但他们至少已经从大山里出来了。"

上面的两种说法哪一种更好呢？答案是第二种。投资人并不喜欢第一种说法，为什么？因为第一种说法仅仅表明了路演者对未来的预期，但现实是他还没有能力把父母接到北京来，因此他的所有设想很可能都是空头支票。而第二种说法则不同，尽管目前的能力有限，但路演者已经在实施行动，并做出了一定的成绩。

这两种说法在投资人心理上会呈现出两种截然相反的感觉，投资人会更喜欢第二种，因此在谈到这方面情况的时候，必须特别注意。

故事二:"我过去做了哪些事"

路演时描述过去的内容里第二个必谈项是"我过去做了哪些事"。其实,这部分内容直白来讲就是职场经历。在你描述它时要包含以下几方面:

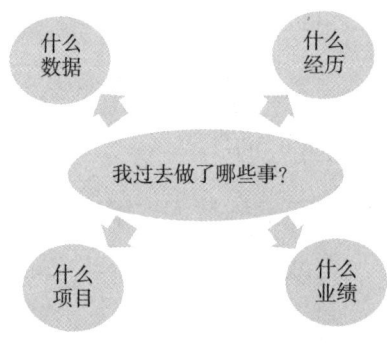

图 5-2　"我过去做了哪些事"

第一方面是"你做了什么项目"。这部分内容不必展开细说,但一定要有前后逻辑,务必真实,不能让人一听上去就感觉弄虚作假或混杂无序。这段内容真正的意义在于让投资人从你的经历中,看出你对职业生涯有清晰的规划,知道自己应该从什么地方开始。即便可能你走了弯路,但始终围绕着一个明确的目标,并显示着你正在一步步接近目标,又或者你能准确地识别机遇,让自己投身于激动人心且充满挑战的事情中,但仍然不失目标和方向。

路演者要把握好陈述的时间不要过长,太长会让投资人觉得你说话没重点,而且很可能还没等到你要介绍自己的特质时,投资人就已经准备打断你的发言了。另外,陈述中要注意突出自己的几项对获得融资最为有利的特质,如团队管理能力、项目控制力、与人相处能力、组织力等。你可以从中选择几个重点来说，但请记住，对已经讲过的内容不要不断地重复重复再重复，投资人没有时间去听"罗圈话"。

第二方面是"你取得了哪些业绩"。这是你应当重点强调的内容，它对应于第一部分内容，属于一个连贯的逻辑体系。投资人最怕没有结果的事，他们也绝对不会去做没有结果的事，因此你做了什么只是引子，吸引投资人来听，得到了什么结果很重要，这是他们听你说话所期望的真正的"干货"。

第三方面是"你取得业绩的数据支撑"。如果把你的职场经历看成是一个案例的话，那么路演者在向投资人介绍自己的案例时就一定要增加说服力，而数据是投资人普遍都非常喜欢的展现方式，它不仅能够增加你演讲内容的说服力，而且还能够表现出你的专业性、严谨性与诚实态度。有调查结果显示，大数据是投资人最关注的主题之一，有超过半数的投资人将其作为首要选择。由此可见，数据在投资人心目中的地位。

要用好"数据"的武器为自己的过去经历加分，路演者必须要明白投资人是如何看待数据的。在投资人看来，每个商业模式最终都是一个公式，公式里的每个组成数据都可能是一个 KPI，每个公式背后都有一个底层的原则，单独的数据指标都是最基本的组成部分。就拿用户获取成本数据来说，一个项目或者生意的成功与否就是看你能拉来多少客户，你的投入是多少，能够转化多少，这些客户能花多少钱，客户花了钱之后能留多少。这些东西就是与"用户获取成本"最相关的数据。很多时候，路演者在为投资人展示数据时，仅仅会谈到一个粗略的数据，如"用户获取成本"是多少，这并不能令人信服，因为如果投资人不了解你，他是不会知道这个数据的真实性的。因此，更好的做法是路演者把所有和"用户获取成本"相关的数据都展示出来，如广告成本、渠道成本、工资成本、物料成本、用户补贴成本、客户数量、消费额、重复购买率等。通过这样一个数据的集合来作为自己业绩的例证才是最有效的方法。

第四方面，在你的描述里还要尽量谈到"创业经历"，也可以叫作"创业故事"。这部分内容最好要有，因为投资人在分析融资项目时，会特别考量项目掌舵人的综合能力，其中是否有创业经验也是非常重要的一点。

一般来说，通过路演来融资的人即使有过创业经历也大多是以失败而告终，那么为什么还要去和投资人谈这些失败的经历呢？

可能大多数路演者都不明白，投资人并不害怕失败、并不害怕犯错，他们最害怕的是犯了错后不认错。因此在这个部分他们更有兴趣听到一个创业者勇于承担自己所犯的错，而不是遮遮掩掩，要么避而不谈，要么把过错归咎于团队、资金、社会发展趋势。从沟通的层面来讲，投资者秉承着这样一句话：内容不重要，态度最重要。如果路演者在谈到过去的创业经历时能够直面自己的错误，并且承认错误，那么在投资人的心里会得到加分，反之则会被扣分。

故事三："为什么要做这件事"

接下来，在描述过去的内容里就要涉及融资项目了，比起一上来就大谈项目方案、远景的描述方式，笔者更建议首先从"为什么要做这件事"的角度来谈。笔者把为什么要做的动机称为项目的"起心动念",这一点能够有效地提升项目在投资人心目中的地位,可千万不要小看了它的作用。

何为"起心动念"?它就是路演者做一个项目的初衷。它反映了你是为了什么而做这个项目,是为了造福社会还是为了自己。以共享单车项目为例,随着低碳出行之风的盛行,共享单车如雨后春笋般出现在各大城市,特别是在校园、地铁站、商圈、居民区附近,受到了年轻上班族的追捧。共享单车不但顺应绿色环保理念,而且解决了短距离出行问题,成功抓住了大城市上班族公共交通与单位的最后一段距离。

图5-3 摩拜单车

摩拜,英文名mobike,2014年,由胡玮炜创办,2015年1月,摩拜科技成立,并拥有了自己的自行车制造工厂。2016年4月摩拜单车正式上线,并在上海投入运营,9月摩拜单车正式宣布全面进入北京。

摩拜单车创始人及总裁胡玮炜表示，摩拜的创立初衷，不仅在于利用科技改变城市交通出行生态，还希望利用科技放大人性善的一面，遏制恶的一面。胡玮炜说：摩拜单车更像是一场城市复兴运动，改变了城市的生态，而不止于交通出行本身。

这种复兴在胡玮炜看来有3个层次：一是改变了交通拥堵和环境污染的问题；二是通过数据去改善城市出行的便利度；三是通过科技和数据，推动信用体系的建立，让善的力量得以进一步弘扬，并且遏制人性恶的力量。

作为原媒体从业者，胡玮炜曾说，创业之初主要考虑的是3个方面的问题：第一是如何实现共享，而不是被个人占有或破坏；第二是不需要改变底层技术，利用现有技术拼接；第三则是如何去运营，是不是要替代现有的个人交通工具？最后摸索出的摩拜模式是打造一个更加平衡的生态。

在摩拜中有自发形成的一个"猎人"群体，这个群体致力于让违规停放和不文明使用得到数据和信用方面的体现，可谓文明者多助，不文明者寡助，甚至寸步难行。

对于未来的摩拜单车，胡玮炜认为会让单车更像一个机器人：不用喝水吃饭，但能非常高效舒适地提供服务，并能让更多人享受到科技的力量。

从上面的案例中我们可以看到在大城市的道路拥堵让更多的人选择公共交通的同时，公交站点、地铁站点并不能满足所有人的需求，还有一大部分人需要穿街走巷才能真正到达，而共享单车成功解决了公共交通盲区这一问题。同时在与个人信用挂钩后，能够为整个社会的素质提升做出贡献。这个项目的初衷自然更能够打动投资人，从摩拜令人震惊的融资效率里我们就能够看到这一点：2015年10月30日，摩拜A轮融资获得了愉悦资本的数百万美元投资；2016年8月19日摩拜B轮融资获得了熊猫资本、愉悦资本、创新工场的数千万美元投资；2016年8月30摩拜又获得了B+轮融资，祥峰投资、创新工场共投了数千万美元；2016年9月摩拜获得C轮融资，这次是由红杉资本、高瓴资本投资的1亿美元；2016年10月摩拜再次获得C+轮投资，投资方是高瓴资本、华平投资、腾讯、红杉资本、启明创投、熊猫资本、贝塔斯曼、美团王兴等，2017年2月摩拜又宣布获得新投资，引入海外资本新加坡淡马锡，领投摩拜C轮的高瓴资本追投。

另一方面，在谈及项目的"起心动念"时，你还要附带说明在选择项目时都曾接触过其他哪些项目，最后为什么会选择现在这个项目。为什么要说这部分内容？因为你可以通过这部分内容传达给投资人一个信息，即我现在所要融资的这个项目是经过深入比较后才进行选择的结果，如这个项目的未来、这个项目的发展、目前这个项目的市场占有率、人们对这个项目的认知、我对这个项目能做哪些事……通过对上述这些内容的描述来让投资人感受到你对融资项目的选择是有道理的。

其实对于项目本身而言，是无法用好和坏这样的词汇来形容的，因为它是一个动态变化的过程，好和坏这样含糊的词汇并不恰当，而只能说这个项目暂时的状态如何。路演者对项目初衷的描述则是为本来还虚无缥缈的项目未来设定一个高度，高度越高，越容易引起投资人的兴趣。

分析一个项目，投资人一般会分成以下几个维度：

首先是项目团队的强弱。这个强弱是具体的，是匹配于项目本身所处的方向以及所用的模式来讲的。强还是弱，这其中包括创始人的经历、专业度、有没有创过业或是否有足够的行业经验，团队之间互相的搭配合不合理等都是考量因素。甚至创始人本身的性格特征以及经历经验，创始人之间的关系是不是稳定，这些都可以作为考量标准。尤其是对于早期的创业项目而言，投资人主要是看团队，到了后面才是数据、盈利之类的指标。

其次是项目的市场宽度。这个市场宽度要分三个方面来看：一是市场存量大小，也就是市场目前有多大，是 100 亿还是 1000 亿；二是市场增量大小，延展性如何，随着发展变化未来会有多大；三是市场由小变大的速度以及方式是怎样的。近几年经常会听到"风口"这个词，说白了就是市场本身很大，并且是高速增长的巨大增量市场，而你的融资项目如果选择了一个大的市场，自然更有发展空间。

再次是用户使用频率。用户使用频率的高低也是一个参考维度，一般来讲高频比低频更有优势，从高频需求入手可以带动低频需求，如滴滴打车之前做高频、大众化的出租车市场，现在渗透到相对低频、小众化的租车市场就很容易。因为高频产品无论是黏性、使用习惯、数据的积累都会更好。

最后是模式的轻重。模式轻重是指一个项目所采取的模式需要投入资源的程度是多少。例如，O2O 项目就要比纯互联网项目投入资源程度重，再如京东和淘宝，大的意义上都是电子商务，京东有仓储、物流就重，淘宝只做平台所以轻。究竟哪种模式好，要看具体的产品，普遍来讲重的项目投入多、复制慢，轻的项目投入少、复制快。但这并不意味着轻就更好，还要看怎样能给到用户一个合适的用户体验，并且轻与重是一个动态的过程，有的产品是先轻后重，具体程度的拿捏就要看创业者的战略是什么了。

上述都是投资人分析一个融资项目时需要考量的因素，我们可以看到其中是非常复杂的，因此路演者在讲清楚项目初衷后，还要在"为什么要做这件事"的描述部分尽量增加与此相对应的内容，以帮助投资人更好地了解自己的项目。

故事四："为做成这件事我做了哪些努力"

路演者在描述过去经历的内容中，最后一个必谈项就是"为做成这件事我做了哪些努力"。让我们通过下面的例子来对这一点进行说明。

"遇见小面"是由 3 个华南理工大学学生于 2014 年在广州创立的以重庆小面为主打的川渝风味面馆，目前"遇见小面"在广州开设的直营分店已经超过 10 家，品牌口号也应运而生：不在重庆，遇见小面。

遇见小面的创始人宋奇 2008 年从华南理工大学本科毕业后，放

图5-4 遇见小面

弃了保送本校研究生的机会,选择了到香港科技大学攻读硕士,2009年硕士毕业后宋奇留在了香港工作。他的第一份工作是连锁店IT系统解决方案方面的工作,与餐饮和零售企业打交道。香港餐饮和零售业的成熟与繁华让宋奇大开眼界,这奠定了他日后选择餐饮创业的基础。

宋奇每天西装革履地穿梭在高级写字楼与商场中,拿着不错的收入,但这样的生活并不是他想要的,他最终决定为自己打工。

创业第一步就是了解这个行业。于是宋奇应聘进入香港麦当劳工作,不但得到了世界第一餐饮品牌营运管理上的系统培训,还负责香港地区最繁忙的分店红磡火车站店的运营管理。从那时起宋奇开始了三班倒的生活:早班,凌晨三点,起床;晚班,凌晨三点,回家;而且时常早晚班轮替。这样的工作强度让宋奇疲惫到想放弃,但他不断告诉自己要坚持。

运营和选址是连锁餐饮业两个极其重要的内容。懂得了餐饮的运营管理，宋奇还需要继续锻炼选址的本领。当身边很多同学为了获得"香港永久居民"而选择在香港继续奋斗的时候，宋奇却回到了广州，加入了百胜餐饮集团，负责肯德基、必胜客餐厅的选址开发。

香港餐饮百态模式的探究，麦当劳营运管理的历练，百胜餐饮选址开发的实践，这些都是宋奇为今后的创业所做的铺垫。

决定创业后宋奇首先找到了他的大学同学苏旭翔。大学期间他们经常畅聊创业，很多想法和理念都不谋而合。于是当宋奇从香港回来与当时在外企工作的苏旭翔再次聊起创业时，二人一拍即合，就这么开始了合作。

创业初期，由于没有雄厚的资金支撑，宋奇和苏旭翔跟亲戚朋友借了点，加上结婚的钱，拼凑了几十万就开始干。2012年7月，他们的第一家餐厅在广州珠江新城开业，起初的构想是打造一家粤式概念茶餐厅。之所以选址CBD，在没有市场调研的前提下宋奇想当然地认为这种模式非常适合CBD对就餐的需求。

宋奇依靠从前的工作经验以为开一家餐厅很简单，在网上找几个过得去的厨师，会炒几个能拿得出手的小菜就可以了，可实际上却完全不是这样。核心技术、利润占比、主打特色……这些其实都要慎重考虑，但宋奇他们当初却完全没有考虑清楚这些，只在网上找了几个工资3000多元的厨师就匆匆忙忙开始了。

匆忙的开始导致了悲惨的结局，仅仅3个月，宋奇他们的餐厅就已经走投无路。人员配置问题、采购问题，这些最基本的问题都没有办法解决。餐厅开了3个月，不算运营成本每个月还要净亏1

万元。宋奇走到了十字路口，面对每天开门亏损的现状，已经到了不得不做决定的时候。

"不如我们开饺子店吧！"妻子的一句话忽然点醒了宋奇。对啊！东北水饺声名远扬，是一种广受欢迎的特色美食，同时又具备快餐的特质，并且品质容易标准化。作为东北人，做家乡的美食自然更加得心应手。宋奇当晚与团队商量到深夜，最后决定转型开饺子店。

2012年11月，宋奇的饺子店开张了。这次改变的结果是，之前还每个月净赔1万元，改变后的第一个月就变成净利润1万元。尽管饺子店成功盈利，但是这家店、这个餐饮模式，却并不是宋奇与团队想要的，宋奇他们的目标是创建一个传统美食品牌。

为了实现这个目标，宋奇与团队又开始不断地考察市场，他们考虑过饺子店、火锅店、烧烤店等不同的类型，最后都一一否定了。

一次偶然的机会，宋奇看到《非诚勿扰》的主持人孟非常提起重庆小面，于是就立马飞往重庆，感受重庆小面。在朋友的带领下，宋奇在重庆吃了几十家不同的面店，最后找到一家小有名气的重庆小面店，这虽然只是一家路边小店，但络绎不绝的客人和那种麻辣鲜香的味道给宋奇留下了深刻的印象。宋奇又回到广州品尝了十几家类似的重庆小吃店，期间每到一家店宋奇都会想尽一切办法进入店内的厨房去看他们是如何做面的。

随后，宋奇把从重庆带来的原材料和设备搬到家里，每天召集朋友试吃。宋奇的家里每天都会来几波客人，对小面进行"内测"。据宋齐回忆，当时他和创业团队的几个人一日三餐都是吃面。为了适应广州的天气和饮食习惯，宋奇和团队还在保留重庆小面风味的前提下，进行了改良。

"遇见小面"就这样诞生了。

从遇见小面的案例中我们可以发现，在得到融资前，创始人宋奇为了实现"创建一个传统美食品牌"的目标做了很大的努力，从去餐饮企业上班来学习经验开始，宋奇用了几年的时间来接触餐饮，但随后的创业并不顺利，偶然看《非诚勿扰》时被孟非"重庆小面很好吃"的话吸引，带着妻子关了店飞到重庆，吃了几十家小面店后发现了一家味道特别正宗的小店，于是宋奇想要拜店老板为师，但人家根本不理他，于是他就开始在店里自愿帮忙，最终终于感动老板得到了重庆小面的制作配方⋯⋯

遇见小面所讲的故事非常精彩，也难怪投资人会喜欢。短短两年时间它从一家小面馆发展成为估值2亿元的餐饮连锁企业，其中自然少不了资本的助力。2016年3月，遇见小面完成由九毛九投资的数百万元Pre-A轮融资，除了资金，还获得了九毛九在行业内20年积累的相关资源。而在这之前，他们曾在2014年6月获得过来自天图资本李康林和投资人顾东生的300万元天使轮融资。2016年11月，遇见小面又宣布获得了弘毅投资旗下香港上市公司百福控股2500万元的新一轮融资。这次弘毅投资是遇见小面成立两年内的第四次融资。

因此仅仅想要凭借一个项目远景就来融资，成功率一定不会高，你必须要让投资人看到你为了实现这个项目远景所做的努力。下面笔者来为大家讲讲自己的故事。

第5章
从讲自己过去的故事开始

十几年前，我曾经做过钻石生意。那时候在亲戚的介绍下我认识了一个做钻石的制作工厂，我发现从制作工厂购买钻石与从珠宝店购买钻石的差价接近1倍，唯一的区别是工厂出产的钻石没有品牌。珠宝店卖的钻石都是品牌货，而且品牌知名度越大钻石的售价就越高。于是我觉得这是一个机会，因为实际上钻石这类产品与品牌的关联度不高，甚至可以说与品牌无关，就像石油和煤一样，都是属于大自然出产的，区别仅仅是被商家冠上了品牌标签而已。既然如此，那么我为什么不能想办法让消费者用便宜一半的价格买到同等品质的钻石，区别仅仅是没有品牌标签而已。

为了实现这个目标，我想到的方法是开办课程、讲座来告诉听课的人们在珠宝店购买钻石会有哪些话术、技巧来"忽悠"消费者，由于消费者对钻石品质的陌生而不得不花大价钱来买钻石。为了了解珠宝店钻石销售的方式，我去过台北几乎所有的钻石销售店铺，每到一家店铺我都会以消费者的身份与销售人员聊天，了解他们的销售方法和与钻石相关的所有知识，以此来找到常规钻石销售方法中的漏洞，如我就发现很多钻石鉴定书虽然有鉴定机构的章，但这些鉴定机构都不是官方指定机构，而仅仅是公司形式，因此由这些机构颁发的钻石鉴定书根本就没有权威性。而且很多钻石与鉴定书并不成套，如有的鉴定书上写钻石左侧有黑点，而实际上钻石的黑点在右侧，但是消费者必须用高倍放大镜仔细看才能发现，一般而言，消费者都不会这样的方法，因此就不能发现其中的问题。

当我了解了这些后，我就开始在课程讲座里教授学生如何看钻石，如何使用放大镜观察钻石的瑕疵，如何识别钻石品质等内容。

每次课程结束前我都会告诉我的学生,你们可以去外面的珠宝店看看,我所说的情况是否属实。结果我的学生们很多都去了珠宝店,回来告诉我:"老师你说的是真的,我们发现很多珠宝店的店员都不会使用放大镜,甚至都看不懂鉴定书。"而且学生们发现珠宝店的钻石即使是真的价钱也非常高。于是我的学生们在明白了这些后都开始在我这里买钻石。

因为钻石的特征,我针对的消费群体是结婚的人,因此我还同时在婚恋网站上做广告,广告语就是"教你如何买钻石",广告的效果非常好,吸引了很多客户来我这里。再后来我把钻石生意定位为中低端钻石,我决定要做钻石饰品。为了做好饰品,我专门到内地找到很多工厂考察,最后选择了一个性价比最高、品质优异的工厂来生产。

最重要的是销售渠道问题,我当时认为如果开一家店铺来销售是无法和珠宝店竞争的,因此我决定和台湾的邮局合作,台湾有3000多家邮局,我与邮局的合作是我把钻石摆在邮局的橱窗里卖,代价是给邮局60%的分成,目的就是为了打出名气。最后我每个月都能卖掉几千个钻石饰品。

其实,上面这个我自己的案例就是一个"故事",一个关于为了实现目标(项目)而所做的努力的故事,投资人往往都会被这样的故事吸引。原因在于,一个好的故事一定是拥有画面感的,它能够让听者有身临其境的感觉,而没有画面感的故事只能说是"商业术语"。如果你的故事能够让听者感受到画面感,那么恭喜你,你在投资人心目中得到了很大的加分。

想要讲出与众不同的故事凭借的是什么？是讲述者讲故事的能力。如我们都知道的网红 papi 酱，她把社会现象编成故事让人产生共鸣，同时加入诙谐的语言，令所有人疯狂。就是这个不起眼的女子，从在家里录制视频开始，到半年后估值 3 亿，凭的就是她说故事的能力。

在面对投资人进行融资展示的时候，一个展示者讲故事的能力是非常重要的。讲述自己过去的故事仅仅只是一个开始，想要讲好故事还需要了解更多才行。

第 6 章　放弃七个错误的融资想法

本书讲述的是要如何去讲故事才能打动投资人,从而提升企业或创业者融资的成功率。其中融资是关键,但是有很多融资者的思维是存在严重误区的,抱有这些思维的人来到投资人面前融资很容易被拒绝。因此在见到投资人之前要先放弃错误的融资想法,用真诚的心辅以自身的特质来获得投资人的认可。

本章涉及"错误融资想法"的问题可以总结为融资的"七宗罪",下面就让我们来一一细述。

"我因缺钱来融资"

首先我们从融资目的的角度来看。一般而言,企业的融资行为是指企业从自身生产经营现状及资金运用情况出发,根据经营策略与发展需要,经过科学的预测和决策,通过一定的渠道,采用一定的方式,向企业的外部资金供给者筹集资金,以保证企业生产经营需要的一种经济行为。

一提到融资,大多数人都会觉得是由于企业缺钱才会想办法融资以获得资金帮助企业经营下去，实际上并不是这样。

很多企业领导者或者创业者都太看重资本的作用，他们以为融到了钱，就能做一流产品，市场问题也迎刃而解了……很多创业者都爱把流程、战略、商业模式，甚至是自身的问题都归咎到缺钱上。

实际上关于融资的问题要首先分清是急需还是需要。

我们经常能看到媒体上报道某某公司又获得了投资者几百万美元的投资，这样的新闻实际上是伴随着冲突的，一方面是这家企业被投资者看好，但另一方面，却透露出这家企业的盈利情况还不是很好。

急需和需要的问题是一个复杂的商业问题。笔者对"急需"的定义是"没有外部的资金支持，我的企业在3个月内就会关门大吉"。而企业想获得竞争优势、改变销售不力的状况、产品需要升级等都是完全理性的需求，它们是企业的"需要"但绝不是"急需"。

在这里我们举个例子。

有一家海外公司在第一轮融资中创始人就丧失了公司的控制权。这家公司由于运营不良导致手上的钱只能维持几天了。当时公司的创始人自己还有几十万美元的债务，而且没有什么商业经验。在之前的一年半中，这位创始人见了300多位投资人，最后只有一个投资人肯投500万美元，但代价是成为公司的大股东。当时那是这位创始人唯一的救命钱，能让企业、让他的梦想继续活下去的唯一方法，这就是"急需"。最后，这位创始人获得了500万美元的融资，但不得不做出了很大的让步，失去了公司的控制权。

从这个案例中我们可以看到，在"急需"资金的情况下去融资所造成的影响就是使融资人在融资过程里处于被动地位，在不对等情况下的融资谈判很难有利于融资人自己。

2003年圣诞节前夕，还在中科院声学所读研的王慧文收到了清华大学同学王兴的电子邮件。此前，两人已经决定一起创业。在这封邮件里王兴向王慧文介绍了一种叫 SNS（Social Networking Service）的新兴互联网应用，当时在美国已经有很多这样的网站，而在国内还是空白。

同时收到这封邮件的，还有从天津大学计算机系毕业后就进入广东北电广州研发中心工作的王兴的高中同学赖斌强。

2003年圣诞节，王慧文从中科院退学，王兴也踏上了回国的飞机，次年5月赖斌强从所供职的广东北电广州研发中心辞职北上，三兄弟共聚一起开始创业。

王慧文、王兴和赖斌强三人先是创办了一个叫多多友的SNS平台，这家网站由于定位不专，两年只发展了3万名用户，推广遭遇难题。随后他们又创办了变现能力稍强的游子图，让海外的游子把数码照片发到国内，然后他们打印出来送给这些游子们的父母。其他先后启动的项目还有一家二手房网站和户外社区等。

2005年3月，王慧文等三人开始讨论建立一个基于高校同学之间的SNS平台，这也是他们首次萌生创办校内网的想法。2005年12月，校内网上线，并在和清华大学电子系学生会合办活动时发展了最初的2000名用户。随后校内网在清华、北大、人大3所高校快速普及。

校内网独特的定位很快就受到高校学生群体的追捧,只用了3个月就发展了3万名用户。在2006年10月被千橡互动集团收购前,这一数字已攀升至100万。

那时的校内网已经有超过10人的团队来运营网站。带宽、服务器、推广、日常运营,这些都需要投入,而校内网的收入为零,王慧文他们感到了巨大的资金压力。

其实在这一年中,校内网曾获得了亚马逊原首席科学家韦斯岸的天使投资,只是这笔投资实在太少。"和我们巨大的资金缺口相比,简直可以说是杯水车薪。"王慧文后来说。

2006年9月,校内网融资谈判迟迟没有进展,业界开始传出陈一舟旗下专注于校园市场的网站5Q欲收购校内网的消息。这一年的10月底,陈一舟证实已经收购校内网,校内网创始团队加入千橡集团。

在收购前,王慧文已经成了一个欠债20多万的不折不扣的"负翁",王兴和赖斌强的财政状况也不比他好多少。

"不要等到自己没钱的时候再去融资。"这是王慧文在校内网融资失败导致被收购后所得到的最后经验。

按照那个著名的"木桶理论",企业的存续发展取决于这个木桶的短板,而融资能力欠缺恰恰成为校内网的"短板"。

百度公司的创始人、董事长兼首席执行官李彦宏曾说:"在融资方面,缺钱的时候不要轻易去融资,否则谈判就不平等了。"

阿里巴巴集团主席兼首席执行官马云也曾经就企业在什么阶段融资最为合适的问题做出过如下回答：

"不要从创业第一天起就想着融资，在没有盈利之前也不要去想，绝大部分企业在没有盈利之前融资是不正常的。

做企业，首先要想到的是没有融资我也能盈利，等你盈利了，想扩大盈利的时候，那时就会有人想要投钱了。没有盈利的时候想说服别人投资，投资人多半会说：等你盈利了再说吧。

对那些今天盈利情况很好的企业，要记住，你一定要在赚钱的时候去融资，在你不需要钱的时候去融资，要在阳光灿烂的日子修理屋顶，而不是等到需要钱的时候再去融资，那你就麻烦了。所以，在你不需要钱的时候去融资，这就是融资的最佳时间。"

马云与李彦宏的话异曲同工地揭示了一条融资定律：永远不要在缺钱的时候去融资。还剩 6 个月钱的时候就要开始下一轮融资。即使是融到资金，也并不是钱越多越好，钱少就不好。融到的钱越多代表着融资人受到的制约越大，投资人的话语权越大；融到的钱少，如只够用 6 个月，那么恭喜你，6 个月后再融资时你的估值将会更高。

因此对于资本，你是"急需"还是"需要"，必须要分清，你有多需要资本，你有多相信它的作用，决定了为了融资你会放弃什么。特别是，你愿意为此放弃什么将决定你是否需要融资，以及什么形式的融资适合你。

为了清晰地了解你对融资的需求程度，你可以用这样的方法来评估：把自己假设成投资人，问自己："如果我是投资人，我会把父母一笔不小的钱也投进来吗？"

这其实是强制你学会站在投资人的立场上看问题。当你想到你的父母要参与进来时，就会对风险、机会、交易结构、时间以及其他条件的设想变得实际很多。同样地，如果你能把投资人的钱当成自己的钱来考虑，就不会一味地追求更高的交易额了。

因此好好地审视自己的项目，如果值得投资，那么就去寻找适合的投资机构；如果你的项目不值得投资，那么就想办法让项目变得值得投资。但无论如何请记住——寻找投资机会是因为你的项目值得投资，也是合适的投资时间点，而不是因为你快没钱了。

"我找有钱人来融资"

融资的第二个错误想法就是抱着"捡漏"的心态来融资，把投资人当傻瓜。你觉得找个有钱人随便蒙一蒙就能够拿到他的钱，这种事情从前可能有但在如今是绝对不会发生的。要知道，投资人都是专业人士，他们比一般人要精明很多，想要欺骗他们的想法绝对不能有，否则你的融资将会成为一场灾难。

在现在这个商品社会里，买的永远没有卖的精。就像古玩市场一样，很多人去逛古玩市场都抱着"捡漏"的心态，想要花很少的钱买到很值钱的古玩，但殊不知买到的全是假货。下面这个故事大家应该耳熟能详吧。

一个古董专家在逛街的时候看到路边坐着一个穿着很破旧的老者，在老者旁边有只猫正在吃着剩饭。古董专家很快就发现这只猫所用的碗是个古董，初步估算至少在十万元以上。于是古董专家寻思着该怎么样才能得到这只古董碗。很快，这个古董专家就想到了办法，他走到老者身边说："老人家，我看你这只猫很可爱，我实在是很喜欢它，很想买下它，给你1万块钱好不好？"

老者抬头看了看面前的这个人，惶恐地说："先生，这只猫只是只流浪猫，买它用不了这么多钱。"

古董专家一副慈善家的模样，说道："我看您很不容易，就当是我帮助您的吧。"

老者推脱不过，就说："那好吧，真是谢谢你，好心人。"

"既然我花了那么高的价钱买了你的这只猫，那这只猫用的饭碗我也就一并拿走了，反正你也用不着啦。"古董专家装作若无其事的样子说。

"那可不行，"没想到老者很认真地回答。

"为什么？"

"那只碗是一个古董碗，至少要值十多万元呢！"

古董专家错愕了，半天才问老者："你明明知道这是昂贵的古董，为什么还要给猫用呢？"

"如果不这样，我怎么能卖出15只猫呢！"说罢老者就拿着古董专家的1万元笑着离开了……

上面这个故事蕴含的道理不言自明，这与融资有着异曲同工之处。很多融资者没有摆正想法就来融资，希望通过欺骗的手段拿到投资人的钱，但往往是"搬起石头砸了自己的脚"。

融资能够帮助企业更好地生存发展，并让企业可以不断探索直至找到成功的商业模式，但融资的目的可并不仅仅是从投资人手中拿到钱而已。例如，2015下半年开始，大量的O2O创业企业失败，其中一个重要的原因就是，这些企业为了发展把重心全放到了寻找投资资金上，想要用投资人的钱来实现"乍富"，最后，尽管成功拿到了融资，却在几个月后遭遇到了创业失败。让我们来看下面这个国外的案例。

菲利普斯早年创立了MOD System。这是一家提供媒体终端技术服务的公司，早期发展势头良好，其创始人菲利普斯也被誉为"科技天才""三十多岁的创业者"。然而，在公众视野之外，菲利普斯很早就开始挪用公司资金，为他个人奢靡的生活埋单。他把公司资金转入私人信托账号，还另外窃取公司150万美元。

到了2010年3月，这个问题终于被投资人发现了。投资人一举将菲利普斯告上法庭。投资人认为菲利普斯通过公司融资，将那些钱用于私人购买汽车、旅游和娱乐。他被控多项诈骗罪。

处理这个案件的法官说："菲利普斯的诈骗行为是非常清楚的，有充足的证据对其实施判决。"法官认为菲利普斯挪用公司资金，瞒骗董事会和投资人的行为毫无疑问构成了犯罪。最终菲利普斯被判四年有期徒刑，罚款15000美元。

上述案例就是创业者把投资人的钱挪为私用的典型案例，这种欺骗行为最终也让他受到了法律的制裁。在中国的企业里也同样存在着这样的案例。

图6-1 云视链

带着"哈佛大学90后"头衔的金证济苍和他的创业项目"云视链"曾一度被吹上了天。上线短期内，云视链估值迅速飙到6亿，号称是"极具技术创新的产品，将颠覆整个视频行业和广告行业"。甚至金证济苍还被福布斯评为"2015年30位30岁以下创业者"之一。

因疑似团队信息造假，以及核心技术夸大，宣传视频盗用AVD等问题，云视链被推上了风口浪尖。由此，金证济苍本人的哈佛大学学历也被网友接连扒出，备受质疑。

到底是什么样的产品技术能在天使轮估值就超过了6亿？按照第三方创投数据公司IT橘子的数据显示，这家公司成立不久就已经拿到了数千万美元的A轮融资和"亿元及以上人民币"的A轮融资，但投资方却并未公布。

云视链前身为自动视链平台 Venvy Inc，是一家主要专注于新式视频交互模式的创业公司，一行代码为视频加入人工智能，哈佛创新实验室项目，互动视频2.0平台。

实际上，云视链技术是将原先单向内容输出模式改为用户和视频双向互动。而这项技术最关键的一点是，用户可以生产内容，产品信息一部分由平台制定，另一部分则是由感兴趣的网友自行添加。据云视链官网介绍，云视链所有的技术手段包括虹膜识别、瞳孔运动识别、物体搜索、自动交互的人工智能技术，云视链号称未来视频不需要广告了，因为每个人只会对自己需要的产品感兴趣。

这听起来是一项高大上的技术，但这个技术炒作概念却多过实际行动。其实这项技术已经有很多公司在做了，包括国外的一家AVD公司也做过类似的案例。另外国内的视频网站如优酷、爱奇艺都在开发相应的技术，只是没有云视链这么高调。

除了产品尚未发布、技术受到质疑，云视链的创始人和创始团队的问题则更为突出。有用户经过细致的对比发现，这家公司官网上公布的创始团队成员照片都可能是假的，与一些网络中搜索到的照片存在雷同。

创始人本人的身份也遭到质疑。在之前媒体的报道中，这位1993年出生的天才创始人头顶"哈佛大学数学系毕业生"的光环，被福布斯评为"2015年30位30岁以下创业者"，据传是历史上获此殊荣最年轻的人士。但这些头衔是否属实至今仍然打着问号。

古语云："要想人不知，除非己莫为"，在投融资的领域更是如此。在信息如此透明的今天，想要瞒天过海几乎是不可能的。拿到投资仅仅是给创始人提供了一个机会而已，距离成功还差得很远，但是很多融资成功的人都会浮躁，觉得自己已经是成功人士了。正是这种心态让他们不能摆正自己的位置，从而走上了创业的岔路。

实际上在投融资领域，并不是只有融资者在寻找资金，同样的投资人也在寻找项目，因此这是一个双方双向选择以求得共赢的模式。融资人在想方设法获得资金的同时，精明的投资人也在绞尽脑汁地寻找适合的投资项目，因此一个投融资项目想要获得成功需要双方共同努力才能实现。

之所以有些得到大量融资的企业最后还是失败最重要的原因在于投资人和创业者之间的匹配度不强。在融资过程当中，投资人所扮演的角色并不仅仅是一个资金的提供者，更重要的是要为企业给予其他方面的帮助，如帮助企业领导者组建优秀团队，给企业提供财务、法律服务、帮助企业进行品牌建设等。成功的企业需要企业领导者和投资人共同努力，投资人通常有擅长和关注的领域，创业者所在的行业需要与之搭配才能充分发挥融资的作用。

一个成功的企业通常需要较长时间才能找到合适的商业模式，进入盈利上市的阶段。在此之前，企业需要进行至少3~4轮的融资，因此对于企业而言，第一次融资所面对的投资人就尤为重要，因为第一轮投资者将从很大程度上决定企业能否顺利进行接下来的几轮融资。从现实状况来看，优秀的第一轮融资者会帮助企业成功融到接下来的几轮融资，解决持续性融资难题。所以这就要求融资企业在融资过程中必须谨慎选择，融资并不仅仅是拿到投资人的资金而已。

综上所述，融资者和投资人两者在融资过程中是互有需求的，那种想要耍小聪明，想依靠作弊而成功获得融资的行为就像"捡漏"一样，不仅做法不可取同时也不会获得好结果，投资人绝对不会对投出去的钱不闻不问不调查。因此千万不要抱着投机的想法去尝试，因为最后损失的只能是融资者个人的信用。在投融圈里一个人的信用比什么都重要，资本的漏斗很小所以圈子也并不大，因此请切记在融资前，还是放弃错误的想法吧。

"融资只靠想法"

融资经常会犯的第三个错误就是"只靠想法"来融资。我们可以看到，很多融资人在路演的时候都会大谈自己的想法，项目未来的远景，告诉投资人只要我拿到钱就可以怎样怎样……这实际上并不是好的融资方法。实际上，投资人很难仅仅因为你有好的想法而把钱投给你。

投资人的背后一般来说都有投资机构，而投资机构的资金来源大多数来自于各个公司、引导基金、母基金等渠道，也就是说他的钱也是来自于出资人，而他仅仅负责管理运营，投资机构必须要向出资人负责。所以基本上投资机构对风险控制的要求是极其严格的，如经常能看到对赌条款、回购条款等各式各样的条款限制与约定，其实也是为了维护投资机构本身的风险。

正由于此，投资人在投资时都会非常谨慎，仅仅依靠一个想法来融资，大多数时候都是不行的。因为无论是天使投资人，还是 VC

都希望看到创始人除了对事业的决心与未来的规划，同时还要有商业模式的雏形，使投资人能够更好地判断商业模式与企业未来的前景。

在前文我们不只一次地强调比起融资者大谈的项目，投资人更加喜欢的是"人"这个因素。关于"人"与"事"二者倾向性的判断，显然投资人更倾向于前者。在这里笔者可以为大家做一个比喻。

例如，你喜欢一个女孩，想要追求她，如果你直接买了玫瑰花送给她表达你的心意，那么在她根本不了解你的情况下一般来说都会让你吃"闭门羹"。为什么？因为你们之间没有信任的基础。你一上来和她谈的是"我想和你交往"的"事"，所以根本就不会成功。

但是如果你换一个方式，在和她了解的过程中说出以下的话，如"听说你在戏剧社团，我也有朋友在那里，你认识他吗？"或者"你是台湾人啊，太巧了我也是啊"……很显然这样的谈话就是在谈"人"，你们之间共同认识的人或者能够与女孩产生关联与共鸣的人，这样你成功的概率就变大了。

与投资人的交互同样如此，笔者总说一句话：融资找投资人就像找"伴侣"一样，其实就是这个意思。很多融资人在与投资人大谈项目的"想法"时却并不知道，投资人根本就无动于衷，但如果你和他说："我非常仰慕您，因为我原来的一个领导和您是好朋友，他总会在我面前提到您，把您当成成功的案例来教导我，我的这个领导是谁谁谁。"那么情况就不一样了，投资人一定会对此表现得比你那些宏伟的想法更感兴趣。下面这个失败的案例就告诉我们，为什么只靠想法远远不够。

图6-2　神奇百货

1998年出生的王凯歆，高二辍学创业，成立电商"神奇百货"，随后在创业真人秀节目中拿到了千万级融资，红极一时。然而之后不久，神奇百货就接连出现了辞退员工、闪电搬家、数据造假、涉嫌漏税等一系列问题。甚至作为CEO的王凯歆还被前员工爆料侵吞600万元公款。至此这个17岁辍学的少女被拉下了"神坛"，从顶峰跌到谷底，仅仅半年的时间。

随后神奇百货的天使轮投资机构表示已经放弃了这家公司，把神奇百货拉入了"死亡名单"。

作为创业队伍中的佼佼者，王凯歆被爆料身边有3个助理，天天住在五星级酒店，对员工的态度飞扬跋扈。更严重的是，她被爆料撒谎成性，交易数据造假，货源基本上都来自于阿里巴巴，商业模式毫无技术含量。

当初，王凯歆参加创业真人秀节目时信誓旦旦，她穿着动漫服装在电视上对着投资人喊出"我会帮你们赚够'95后'的钱"，然而被掩盖在宏伟愿景之下现实的，无情地证明神奇百货这个项目并没有能够撑起王凯歆的这番豪言壮语。

让我们再来看一个案例。

大学生罗勇林和团队一起开发了一款名为"聘爱"的校园恋爱交友应用，并参加了 IDG 举办的校园创业大赛。后来，IDG 通知他们，"聘爱"进了全国 50 强，可以到北京参加决赛。那次比赛之后，罗勇林团队就开始决心专注做"聘爱"，并在年底拿到了 10 万元种子投资。

恋爱社交 APP "聘爱"为了帮助用户找对象，用了一种近乎简单粗暴的方法：招聘。用户可以在这个应用的"招聘会"上发帖招聘爱情，找男朋友称之为"聘夫"，找女朋友则是"聘妻"。如果看到有合适的"招聘"，也可以"投递简历"。简历的基本信息包括年龄、星座、城市、学校等。

"聘爱"正式上线后，短短 3 个月的时间就积累了 4 万名用户，而在罗勇林团队主要活动的黑龙江地区，通过各色校园推广活动就积累了 3 万名用户。高峰时期团队人数高达近 30 人。

随后罗勇林团队利用暑期来到北京开始寻找新一轮融资。然而，在会见 30 余个投资人都无疾而终后，罗勇林团队陷入了绝境。一次次投资人的打击让他明白了，"聘爱"这款产品似乎并不靠谱。

罗勇林原本以为只要靠想法就能获得融资，经过失败后他才清醒过来，明白其实根本不是这么一回事。罗勇林说："我承认我也疯狂过、浮躁过，甚至曾经每天想着如何超越扎克伯格、余佳文以及温成辉，但事实并没有。"

拿过种子投资，产品上线后做到了 4 万名用户量，安卓、iOS、Web 都上线了，被各大媒体多次报道，产品都有了，数据也还可以。这个看似美满的结果曾经让罗勇林认为自己无限接近做一款"现象级"产品的梦想，从而实现"一夜暴富"。

但是很显然互联网创业不是做一个 APP 就可以成功的事，之后投资人的连番拒绝把他的梦想击得粉碎。使他自己逐渐意识到，自己的产品乃至团队都存在硬伤。

一个产品最终还是要商业化才能最终获得成功。超级课程表、脸萌、足迹、无秘这些短时间内爆红的产品都是难以商业化的产品，即使用户体量庞大，也难以取得成功。"聘爱"正是一款无法商业化的产品，因此拥有独特的创业想法，但罗勇林遭受投资人的冷遇其实也是一种必然。

一个项目要实现目标就像培育一株植物一样，光有"想法"的种子是开不了花的，它需要扎根的土壤，需要阳光雨露，更需要悉心栽培。投资人每天都会接触不同的项目，其中最不缺少的就是想法，因此当你第一次面对投资人的时候，很难仅仅通过想法来说服他们。尤其是有了上述这些前车之鉴后，投资人会更加小心。

那么只凭借想法就无法获得融资吗？

答案当然不是绝对的，但必须要有先决条件。首先是融资人的背景。如果融资人是振臂一呼的行业大佬，如雷军，那么他只有一个人也没有问题，只要有一个点子，钱就会疯狂找他。

如果背景不是行业大佬，那就要看学历，海归高学历、BAT高管也会为你加分，你的想法说不准会有人埋单，但不是肯定。再或者融资人深耕一个行业多年，有很强的行业背景，那么也可能会有投资人支持。

但如果你是创业者，又是行业小白，突然看到一个机会，只有一个点子，那么笔者建议你至少要先找团队把这个想法落实，然后再考虑融资的事情。千万不要在仅仅只有想法时去接触资本市场，因为那绝对是在浪费时间。

"见投资人立刻说项目"

融资的第四个错误想法是有关技巧方面的，就是一见到投资人就立刻说项目，这是最没有技巧的融资行为。在这里笔者有一句话要告诉大家："见到投资人立即说项目，一开口就谈融资只会得到谏言。"我们都见过这样的场景，一个融资人站在投资人面前大谈项目，讲了半小时、一小时，时间到了，然后投资人说，今天就这样吧。融资人觉得自己讲得很high，可事实上却什么都没有获得。如果运气好，遇到"心地善良"的投资人，融资人也许会得到这样的回答："我觉得你的想法不错，但产品还不够完善，建议你再去完善一下产品这样会更好"；或者"你的项目很好，但不是我熟悉的领域，我建议你去找谁谁谁，我觉得他会对你的项目感兴趣"……总而言之,"良心"投资人会给融资人一些建议,但却不表现出实质性的投资意愿,而严厉的投资人甚至连建议都懒得给你。这是为什么呢?

因为投资是以信任度为计价单位,在日常生活里我们就能发现,对于越是信任的人我们才越会借给他更多的钱,这一点就和融资一样。当融资人无法让投资人产生信任的时候,能够得到的仅仅只是谏言。融资方与投资人之间缺乏信任的原因有很多。中国的很多企业并不成熟,很多创始人对投资的概念都是一知半解,甚至完全不懂投资人与企业之间缺乏信任的根本原因,他们很狭隘地理解了投资的概念,认为投资就是投钱,只要有了钱,什么都好说。而且很多人对融资后企业的发展过于乐观,总觉得自己的产品一旦上市,将会如何如何。所以他们在融资的时候往往带有一种赌博的性质,只要有人愿意投钱,不管对方是什么身份,对企业有没有帮助,只要股权能谈得拢,其他都没问题。这种情况是投资人最害怕的,因此精明的投资人就用信任的高墙来作为决定投资的关键因素。在投融界,信任可能是最大的成本,也是宝贵的财富。

在本书里笔者反复谈到"信任"的问题,它是投资人决定是否进行投资的决定性因素。在项目早期融资阶段投资人看中的是创始人靠不靠谱、有没有做成事的能力、双方聊得是否投机,是否认可创始人现在做的事情,把这些问题都解决了你才能够与投资人建立起最基本的信任。

我们需要清楚认识到的是,如果在一场会面之后,投资人与融资人双方的合作意愿更加明确,大多数情况是因为双方的"观点"

彼此接近。观点是基于客观事实做出的一种判断，但必然会有主观成分掺杂在其中。为什么会有主观成分？是因为有价值的观点必然是没有经过充分论证的，只能用主观推测来填平。投资人之所以抛出了橄榄枝，是因为他觉得你把他相信的事情，用更好的方式给表达出来了。而这种好感，通常情况下会被解读为对一个人思考深度的"信任"。

融资过程中大多数时间在谈的就是三件事：人、事和产品。

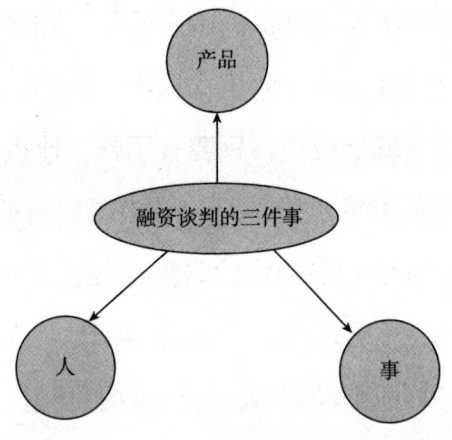

图6-3　融资谈判

第一，投资人要对人进行判断。包括分析创始人的动机、团队。投资人会考量创始人是否同时具有战略领导力与执行力，这就是所谓的"上得厅堂下得厨房"，最好创始人这两种能力都能有。

一些投资人还特别看中创始人的格局。通过创始人的一些行为动机可以判断出他的格局。例如，投资人可以通过创始人的股份配备看出他对金钱的态度，他对这个事业的态度以及他未来想做成什么样子。一个心中拥有大格局的人，一定是心胸宽阔的。如果一个团队的创始人自己拿了95%的股份，有两个合伙人拿了5%，那么这个创始人的格局就会被投资人打上一个问号了。

如果创始人根本就不懂这个行业，但他很聪明地能够知道这个行业里孕育着巨大的财富，继而进入了这个行业，并且他的判断是准确的。从动机上来看，他从事这个行业的目的就是钱，投资人对这类创始人的格局也会打问号。

格局可以通过行为动机来判断，投资人更多地是从人性的角度来看待创始人格局的问题。

第二，投资人对事的判断。这个项目的需求到底是怎么样的？需求的强度、消费的频度等都在投资人的判断范围内。通过对此的判断，投资人能够大致了解创始人的这个项目有没有机会，是短时间内的机会，还是一个长期机会。

创始人讲商业模式的时候，投资人一般都会问："你项目里的盈利机会在哪儿"，投资人并不喜欢："我哪一块都有机会"的回答，因为这个回答范围太广，落实起来反而很难做。让我们来看下面这个例子。

有一个融资人带着做自动售贩机的项目来融资，它其中的一个商业赢利点是在自动售贩机上放一块电子屏用来做广告。这个融资人侃侃而谈，说他预期几年内要卖100个亿，而这个广告屏的业务要卖十几个亿，是主营业务的1/10，但最终却没有获得预期的融资，这是为什么？

因为在投资人看来，在自动售贩机加一块电子广告屏幕的方式尽管可行，但根本就不重要，这个创始人主营的是自动售贩业务，他应当把所有精力都放在这个自动售贩机的商业模式上，而不是还要加入广告营销的模式。相比于主营业务，这个电子屏幕一点儿都不重要。

很多创始人为了把项目价值做高，会把很多附加业务或者没有紧密联系的业务加在一起，让项目看起来更大。但投资人关注"事"的时候是要看你的项目最可能实现盈利的那个点，即主营业务那一块，所以千万别把乱七八糟东西加起来。

投资人还会关注"天花板"问题。投资人要看你的主营业务当中是否有明显的"天花板"。这里所谓的"天花板"包括以下几类：

首先是售价的"天花板"。这一点比较好理解，就是价格受限制。很多行业的项目没有自主提价能力，如水、电、燃气、公交车和公园等公用事业，价格受到政府的严格管制。除此之外，报纸也没有涨价的能力，它只能在广告上向企业提价。自行车和低档手表等也是提价弱势群体，价格涨幅远低于30年通货膨胀的升幅。而汽车、家电、电脑、手机、电话费等业务的售价则一直在下降。

其次是产量"天花板"。有些项目的想法虽然很好，但是想要实现产品的量产难度很大，成本很高，其模式不适合大规模复制。

一个做智能硬件中间件的平台项目，它的理念是把模块化式的传感器以及云服务结合在一起。比如说做一个手环，用户可以自行选择计步、计心跳、计心率、计提问、提醒、通信等功能，只需要在设置中勾选就可以了。除此之外，它还可以实现用户自由选择产品外形、是否打LOGO、生产数量等近乎个性化定制的需求，然后可以自动生成，并且对接到生产过程中。

这个项目当然很好，但针对定制化的小批量生产却很难实现。假设一个企业提出要订一批带其LOGO的手环，鼓励他的客户去锻炼身体，定制数量是50个。也就是说，50个带有企业个性LOGO的产品还要匹配企业定制功能的APP，那么面对这种需求这个项目目前是不可能实现的。

因为现阶段产品的生产制造还没有达到这种程度。从开模到生产，需要整个产业和系统的协同，只有智能生产制造进一步升级，才能实现这个最终的需求。

上面这个案例中的可定制产品对产量的要求就是它的"天花板"。因此这样的项目尽管想法非常好，但在目前技术还没有达到低成本、高效率运作的情况下，项目的前景并不是很明朗，其商业化变现能力受到局限。

最后是需求"天花板"。它可以分成两种情况：一种是项目领域本来就没有很大的需求，这有点像中国老笑话中所说的屠龙技，一个高手学会了屠龙技却找不到龙可杀。另一种情况是需求中断，这是最为致命的"天花板"，如传呼机与彩色胶卷被手机和数码拍照取代就属于这种情况。当然这种情况在如今的投创领域已经非常少见了。

第三，对产品和服务的判断，投资人是一定要做的。但这个判断是在短时间内无法体验的。例如，创始人拿来的是一个APP或者一个服务，投资人无法马上在现场完整地体验到。针对于此，投资人都会做一些针对产品特点的测试，主要是通过提问来完成。

通过提问，投资人要进行一些初步的判断，比如这个项目现在处于一个什么样的阶段？闭环完成了多少？是不是和自己的理念、行业发展趋势相符合？逻辑上是不是合理？有没有经过实际检验？

为了得到上述这些问题的答案，投资人往往会问创始人一些详细的数据，这个详细的数据不一定真的体现出什么，但投资人会把它记录下来，目的就是看创始人是否真正知道。

投资人在提问的时候，可以看出创始人的一些特质：

比如这个创始人是否一问三不知？如果投资人问他什么他都不知道，那么是肯定不行的；这个创始人是否善于分析？因为有些数据不是直接数据，需要创始人自己进行统一分析，进行一些深入思考才能得出答案。

因此，如果创始人想要获得一个成功的会面，那么在叙述的过程中客观事实如数字、案例、逻辑，必须要多于主观的表达，如预期、感受、态度。因为客观事实是投资人能够获取的信息，他可以去验证真伪，投资人更喜欢这样的内容；而主观的表达则往往是基于创始人自身判断的内容，是否存在夸大、是否能够兑现是需要在未来进行验证的，投资人在决定投资之前不会相信这些东西。

投资人的观点其实很简单，核心在于对这个项目是否要投。因此为了得出自己的观点会做很多相关的分析，如项目能做多大，产品KPI、营收、利润的增长预期如何；项目投资成本高不高；项目的商业逻辑怎么样……

这里面的每一个问题其实都是复合型问题，都能够分解为多个小问题。在面谈的过程中，如果这些被分解出来的小问题能够与融资人提供的"客观事实"相对应，那么这个小问题就有了答案。当很多个小问题都被融资人解答后，投资人自然就形成了观点。经过这个观点凝聚的过程后，投资人与融资人之间的信任度就因为"观点"的无限靠近而被建立起来了。

如果说普通人是依靠攒钱来营造家庭的基本安全感，那么投资人就是依靠事实储备来建立基本的安全感。从谁那里获得的储备多，谁就容易获取投资人的信任。

另外，很多投资人在面谈之后并不会马上做出投资决定，投资人心里非常清楚如果谈完之后能够马上做决定，那么往往会占有一定的优势，但是也可能会付出一定的代价，因为投资人不一定每个领域都熟悉，很快做决定是有风险的。

融资人由于整天处于行业内，一定是非常深刻地理解业务本身。而投资人每天要看不同的项目，见不同的团队，很难对某一个领域有非常深的了解，即使他们会做一些行业研究，但基本上还是不太懂业务，尤其是商业上的创新。但投资人个个都是谈判高手，他们知道在什么时候可以进，什么时候可以退，什么时候压价，什么时候给融资人施加压力，甚至连话术都有专门的讲究，只要融资人提出一点，投资人马上就会有不同的理由反驳，这些反驳往往会让融资人哑口无言。因此不要被投资人连珠炮似的问题吓倒，一旦他问到了你不清楚的，那就如实回答吧，搪塞与信口雌黄都是不可取的。

"用商业计划书来融资"

融资的第五个错误想法是"用商业计划书来融资"。融资的商业计划书是在企业向外融资时所必须具备的文件，但是想仅仅凭借一份华丽的商业计划书就搞定投资人的想法却是错误的。大多数创业者认为要找钱，就要把他们的商业计划书发给投资人，把商业计划书当成故事的脚本以此来获得资金。但不幸的是，这种情况却很少成功。

美国一家研究机构通过对商业计划书的研究，发现商业计划书的好坏和融资成功与否并没有关系。他们研究了横跨3个年度的700多份互联网公司的商业计划书，对比了每份商业计划书，包括内容、团队、商业模式以及是否成功融资，得到的结论是根据商业计划书的内容，无法预知哪家公司能获得风险投资的青睐。当然，这并不表示写一份商业计划书完全是浪费时间、没有意义，因为它还可以作为公司日常运营的指导文件。但是，数据证明商业计划书并不能带来钱。

如果商业计划没有用，那么什么才有用呢？调研的结果表明，"关系"网络才是融资成功的关键。那些融到资的创业者都是在之前就认识VC或者天使投资人的，相当于他们融资的时间比写商业计划的时间要更早一些。这个研究结果其实并不出人意料，它揭示出一个创投圈的隐形规律：投资人不是通过看正式的、几十页的商业计划书的方式来筛选项目的。

小米公司的董事长雷军曾说："投资人不会仔细看你的商业计划书，投资人只会选择信任的人或是信任的人推荐的人来投资，如果你与投资人之间没有一点点信任，那么融资就不会成功。"

著名的创投 VC 吴炯从前是阿里巴巴集团的 CTO，他的投资思路就是"投资不看商业计划书，而是看人会不会走运"。对此，吴炯给出的解释是一个人要想走运，必须具备的潜质有三：乐观、敏锐、执着。"我的兴趣只是在看项目上，遇到有潜力的人和创业方向就去投。"

投资更像是一门投"人"的生意，著名的天使投资人徐小平也说过类似的话，他投资的主要感觉是看人，如果这个创业者不能说服投资人，那就不值得投。

徐小平还记得新东方上市后他开始转型天使投资，虽然有实业背景，但是当时他不懂技术也不懂投资，更多的项目投资就是冲着人而去的。

徐小平说自己的第一笔投资就是这样。2006 年 5 月，他认识的一个年轻人找到他告知自己要创业一个互联网的项目，年轻人的自信以及创业家的精神颇受徐小平的喜爱。徐小平投资一年半后，网站没有上线，三年以后，在企业面临巨大的困境时，年轻人果断转型，最终在 2009 年成功做了一个项目，当年盈利就达到千万级规模。

"虽然我不懂行业，但我懂人，当创业者见投资人的时候，应该拿出人生最大的魅力和说服力，如果这都不能说服投资人，那么说明你没有个人魅力，将来又怎么去管理一个巨大的团队，去和客户、政府、市场打交道。我如果喜欢你，不管什么项目都会投资。"徐小平这样说。

对此，徐小平投资的另一个项目兰亭集势董事长兼首席执行官郭去疾也深有体会。"我们合作时，我没有商业计划书，但是谈了五分钟他就决定投资了。"

要知道投资人也有自己的圈子，在这个圈子里，通常一个投资人会把自己觉得好的项目推荐给其他的投资人，最后促成几个人一起投资，从而保证投资的成功率。

一位创业者曾经向雷军发过邮件引荐自己的创业项目，但雷军却委婉地表示自己只投熟人或是朋友介绍的项目。另一位天使投资人周哲曾说："天使投资最重要的是信任，而不是今天给了一笔钱，明天可能创始人就卷着铺盖走人了，信任比商业计划书要重要千倍。"

这也就不难理解为什么投资人大多会从认识的人中"下手"，如著名的投资人何伯权此前投资的久久丫、九钻网、诺亚财富等，皆是其以前的老部下或是结交多年的老朋友的项目。

从雷军、吴炯和徐小平等著名投资人的话里，我们看到的仍然是投资人对人的要求，更深层次实际上还是"信任"的问题，融资的过程是打造信任度的过程。你可以把这个过程看成是一场秀，创始人需要做的是秀出好的商业模式和团队能力，让投资人相信融资后你能够成功。

而对于商业计划书而言，无论你把它写得多么优秀，它永远都不会是完美的。例如，它永远都不能回答每一位投资者的问题。如果想做到完美，这份计划书需要用100页甚至更多，可是一旦这样做了，投资人就不会乐意去阅读它。任何书面文件，当然包括计划书在内都是在向别人解释或者解读。因此，基于投资者的经验，他可能会错误地评估你的投资风险和将面临的困境。

如此，商业计划书在融资过程里所起到的作用就非常有限了，它最多能够起到唤起投资人兴趣的作用。对于创始人来说，对商业计划书不需要抱有过多的期待。这并不是说商业计划书没有用，从现在的融资模式来看，它是融资过程里一件必不可少的材料。那么，什么样的商业计划书能够吸引投资人的兴趣呢？让我们来看下面两位著名投资人的看法。

经纬中国创始管理合伙人张颖对于商业计划书的建议是：

第一，把团队介绍放在首页；

第二，把核心竞争力讲清楚，放在次页；

第三，整个商业计划书不要超过15页，并且不要放太多图片与视频；

第四，如果对财务预测的相关内容心里没谱，那么干脆就不要写进商业计划书里；

第五，产品分析要能细分到自己一年内做的事；

第六，有关竞争对手的描述要详细；

第七，别用"平台""唯一""全球领先"这些词；

……

360公司董事长周鸿祎也是位知名的天使投资人，他对商业计划书也有一些建议。

第一，发现项目痛点。也就是在商业计划书内清楚说明你发现目前市场中存在什么问题，以及这个问题有多严重，几句话就够了。例如，现在网游市场里盗号严重，你有一个产品能解决这个问题，只需要一句话说清楚就可以。

第二，针对痛点有什么解决方案或产品。描述出你的方案或者产品是什么，提供了怎样的功能？

第三，用户群是哪些，也就是用户群体划分。

第四，竞争力是什么。为什么这件事情你能做，而别人不能做？这一点很重要，否则如果这件事谁都能干，为什么要投资给你？所以，关键不在于所干事情的大小，而在于你能比别人干得好，与别人干得不一样。

第五，市场规模。你认为这个市场的未来是怎么样的。

第六，盈利模式。如果真的不知道如何盈利，那么在商业计划书里可以不说，或者可以老老实实地说"我不知道这个项目怎么挣钱，但是中国1亿用户会用，如果有1亿人用我觉得肯定有它的价值"。想不清楚如何挣钱没有关系，投资人都很有经验，告诉他你的产品的价值就行。

第七，竞争对手分析。用简单的几句话告诉投资人，这个市场里有没有其他人在干，具体情况是怎样，可以进行一些简单的优劣分析。千万不要说"我这个想法前无古人后无来者"这样的话，投资人一听就要打个问号。有其他人在做同样的事并不可怕，重要的是你能不能对这个行业有基本了解和客观认识。

第八，突出优势。说明你的优势在哪里。

第九，财务分析。这部分可以简单一些，不要预算未来3年挣多少钱，因为没有投资人会相信。说说未来1年或者6个月需要多少钱，用这些钱干什么，这才是投资人希望看到的。

第十，介绍自己的团队，团队成员的优秀之处以及自己曾经做过什么。

从上面两位投资人对商业计划书的建议里我们可以总结出一份投资人愿意去看的商业计划书的特点，它们包括：

1. 篇幅不宜过长，最好在10~15页；
2. 团队介绍的相关内容；
3. 项目痛点与解决方法；
4. 产品描述；
5. 竞争分析；
6. 融资规模与使用情况。

商业计划书要让投资人看到准确的市场分析、清晰的定位、精干的团队、符合当下的策略、合理的资金使用以及靠谱的投资回报。

"用股权融资"

融资的第六个错误想法就是"用股权融资"。股权融资是指企业的股东愿意让出部分企业所有权，通过企业增资的方式引进新的股东的融资方式，股权融资所获得的资金，企业无须还本付息，但新股东将与老股东同样分享企业的盈利与增长。这是一个被用得最多的融资方式。如果你跟投资人说要拿股权融资，那么投资人会问你两个问题：一是你过去有没有赚过钱，二是你的公司能不能上市。这两个问题如果都是否定的答案，那么说明你的股权是虚的，投资人凭什么相信你？

投资人常常会说："股权融资是最贵的，因为股权融资代表你什么都没有。"投资人往往要求的回报会很高。

这里有很多失败的案例，让无论是创始人还是投资人都心有余悸。

图6-4 俏江南

作为中国传统餐饮业的知名企业，俏江南为我们展示了一个股权融资失败的典型案例。

2000年，拥有10年餐饮经验与资金积累的"海归"张兰，在北京国贸开办了第一家俏江南餐厅，从此迎来了属于她和俏江南的一个时代。2000—2010年，俏江南通过不断创新的菜品和高端餐饮的定位，在中国餐饮市场上赢得了一席之地。据公开资料显示，俏江南在2000年创建之初即已实现盈利，连续8年盈利之后，2007年，其销售额达10亿元左右。2009年，张兰首次荣登胡润餐饮富豪榜第3名，财富估值为25亿元。

在获得巨大成功的同时，按照张兰的规划，从2010年开始，俏江南希望通过资本运作与海外收购在3~5年内开设300~500家俏江南餐厅，每年开设新店100家左右。

"下一个10年，当你去巴黎、米兰、纽约，你在任何商务的角落，都会看到俏江南；下一个10年末，我们希望能够进入世界500强。"张兰曾如此描绘自己的商业帝国蓝图。

在那个时候，张兰对资本市场的态度是"敬而远之"。毕竟，开餐馆的都明白业内一个最浅显的道理：天下没有白吃的午餐。但一切在2008年发生了变化。这一年，全球金融危机爆发，餐饮业成为许多资本躲灾的去处。2008年前后，百胜入股小肥羊，快乐蜂全资收购永和大王，IDG投资一茶一座，全聚德与小肥羊先后成功上市，中国的餐饮业对于资本的热情高涨起来。

张兰也一改从前"不上市"的态度，开始与风投接触。2008年初，在枫谷投资合伙人曾玉和易凯资本王冉的撮合下，张兰结识了鼎晖创投的合伙人王功权。张兰最终接受了鼎晖创投伸来的橄榄枝。2008年9月俏江南与鼎晖创投签署增资协议，鼎晖创投注资约合2亿元人民币，占有俏江南10.526%的股权。

俏江南与鼎晖创投签署的投资条款也有"对赌协议"：如果非鼎晖方面原因，造成俏江南无法在2012年底上市，则鼎晖有权以回购的方式退出俏江南。2012年底是当初双方约定上市的最后期限。也有说法称，俏江南如果无法在2012年底上市，另一种结果是张兰将面临失去控制权的风险。

获得鼎晖创投注资以后的张兰"意气风发"，按照张兰当时的设想，与鼎晖创投的合作俏江南除了获取资金，还希望借助对方的经验，帮助自己做软硬件方面的提升。

接下来，登陆中国A股市场也被张兰提上了日程。2011年3月，俏江南向证监会发行部提交了上市申请，但在随后的数月内，俏江南未能收到相关政府部门的书面反馈意见。

上市的漫长等待也渐渐引发了张兰对于鼎晖创投的不满。2011年在一个公开场合，张兰意外地"炮轰"后者："引进鼎晖是俏江南最大的失误，毫无意义"，"他们什么也没给我们带来，那么少的钱稀释了那么大股份"。张兰称，她早就想清退这笔投资，但鼎晖要求翻倍回报，双方没有谈拢。

在2012年中国传统春节即将到来之时，证监会披露IPO申请终止审查名单，俏江南赫然在列。至此，俏江南的A股上市之路中止。

而此时，鼎晖创投注入的2亿元资金，基本都用于俏江南的软件与管理方面，为了给上市铺路，俏江南建立起了庞大的管理系统与团队，如果不能规模化，那么管理系统无法充分发挥作用，成本将迅速提高。但迅速扩张需要大笔资金。另一方面，餐饮企业融资渠道相对狭窄，想要获得银行综合授信，要求企业自身需达到一定的规模，这决定了俏江南基本无法从银行获得贷款。在此背景下，上市虽难，但仍然成为俏江南可以预见的最好的融资渠道。

张兰被迫转战港股。俏江南原计划于2012年第二季度在香港挂牌上市，融资规模为3亿~4亿美元，但由于商务部、证监会、外管局等六部门联合发布《关于外国投资者并购境内企业的规定》（简称"10号文"）又给了张兰当头一棒。

从2013年初开始，俏江南的经营状况陷入泥潭，多家门店由几年前的常年盈利转变为月月亏损。市场的急转直下是俏江南业绩滑坡的主因。从2012年末开始，中央针对"三公消费"出台了"八项规定"等多项要求，包括高端餐饮在内的多个行业因此受到冲击，俏江南也未能幸免。随后俏江南也宣布进行大众化转型，相继推出团购、盒饭等多项业务，但效果并不理想。

俏江南面临业绩下滑、现金流紧张等困境，此时其正需要资金进行转型。而俏江南作为非上市公司，融资手段有限，因此出售股权、换取发展资金成为一种迫不得已的选择。逼不得已，张兰再次与风投坐在了一起。2013年10月，私募股权和投资咨询公司CVC与俏江南进行了谈判，CVC准备以约3亿美元收购俏江南69%的股权。随后，2014年4月，CVC宣布正式入主俏江南，成为最大的股东。这次股权融资的结果是：CVC收购俏江南82.7%的股权，剩余股权，张兰持股13.8%，员工持股3.5%。这次股权融资后，实际上张兰已经失去了对俏江南的控制权。

随后，CVC与张兰的"投资蜜月期"并未持续多久。不到一年，双方就关系破裂，对簿公堂。

张兰及俏江南之所以走到今天，其所有困境均来自于股权融资。

股权融资的目的是发展，但它所带来的负面效应更像是"催命符"，让张兰陷入了疲于奔命的境地。

让我们再来看下面的案例。

图6-5 土豆网

国内知名视频网站土豆网在2010年向美国证券交易委员会提交了纳斯达克上市申请，计划筹集不超过1.2亿美元，用于拓展网络带宽和升级技术。但就在上市的关键时刻，公司CEO王微的前妻杨女士向上海市徐汇区人民法院提起离婚财产分割诉讼，要求对相关的土豆网境内公司股权进行财产保全。

杨女士提出诉讼保全的财产涉及王微名下3家公司的股权，包括王微持有的上海全土豆科技有限公司95%的股份——全土豆公司拥有土豆网的《增值电信业务经营许可证》和《网络传播视听节目许可证》在整个"土豆体系"中至关重要。这件事让正处于上市前"关键期"的土豆网陷入被动。

土豆网上市前一共进行了5轮融资，分别是2005年12月获IDG 50万美元第一轮风投；2006年5月获得850万美元第二轮风投，投资方包括IDG、纪源资本、集富亚洲；2007年4月第三轮融资1900万美元，由今日资本、General Catalyst主导，韩国KTB风险投资基金、GC Entrepreneurs Fund、CA–JAIC China Internet Fund 参与，前两轮的投资者 IDG、纪源资本、集富亚洲也继续跟投；2008 年 4 月土豆网第四轮融资 5680 万美元，由凯欣亚洲和美国洛克菲勒家族旗下风险投资公司 Venrock 领投，此前的 IDG、纪源资本等参投；2010 年 7 月土豆网完成上市前最后一轮 5000 万美元融资，由淡马锡领投 3500 万美元，凯欣亚洲、IDG、纪源资本、General Catalyst 等追投 1500 万美元。

本来如果土豆网能够上市成功，投资方将会获得超额回报，但是随着公司 CEO 王微的离婚事件导致的股权问题，使土豆网丧失了最佳上市时机，最终被优酷并购。

"真功夫"的案例同样能够说明问题。

图 6-6 "真功夫"

真功夫是中国快餐行业的本土知名品牌，它坚持"营养还是蒸的好"的品牌定位，主营以蒸品为特色的中式快餐。

"真功夫"的创始人潘宇海于1990年开始创业，在东莞市长安镇107国道边上开办"168甜品屋"，经营甜品及快餐生意，由于经营有方及对美食的天赋，小店在当地很快就有了名气，经营规模不断扩大。

1994年，潘宇海的姐姐潘敏峰与姐夫蔡达标投资了4万元，潘宇海自己也出资4万元，把168甜品店改为168蒸品店。股份结构是潘宇海占50%，姐姐潘敏峰与姐夫蔡达标各占25%。初期，企业经营以潘宇海为主，姐姐潘敏峰管收银，姐夫蔡达标负责店面扩张。潘宇海掌握着企业完全的主导权。

1997年，经过多年潜心研究，潘宇海提出蒸柜的整体设计思路，并委托大学教授进行电路设计，最终成功研制出"电脑程控蒸汽设备"，一举解决了中餐标准化的历史性难题，使中式快餐连锁化成为可能。在此基础上，"168蒸品店"改组成为"东莞市双种子饮食有限公司"，开始在东莞市快速扩张，潘宇海任双种子公司董事长、总经理、法定代表人。

2003年，"真功夫"品牌正式确立，并于2004年开了第一家真功夫餐厅，定位于"蒸"文化，开始面向全国快速发展。当时潘宇海占双种子股权50%，蔡达标、潘敏峰夫妇占50%，大家商定潘宇海负责企业内部管理、蔡达标负责外勤事务、潘敏峰负责资金管理。

但是，在"真功夫"进入市场快速成长的这个阶段，负责店面扩张的蔡达标对企业的贡献越来越大。2003年，企业的主导权渐渐从潘宇海的手中转到了蔡达标的手中。

2006年，"真功夫"的门店已经从华南开到了华东和华北，完成了全国布局，并经营良好，很快就使企业成为本土中式快餐企业的第一品牌。

2006年6月，"真功夫"进入"2005年度中国快餐企业20强"，排名第六，位居本土快餐品牌第一。10月，真功夫当选中国快餐十佳品牌企业。

2006年9月，蔡达标、潘敏峰夫妇离婚，潘敏峰所持有的25%股权归蔡达标所有。

2007年10月，"真功夫"获得了今日资本和中山联动两家投资机构的投资，两家PE对"真功夫"估值高达50亿元，各投1.5亿元，各占3%的股权，蔡达标和潘宇海的股权比例都由50%摊薄到47%。

PE投资"真功夫"，主要看中的是蔡达标的能力，因此，无论在股东会还是董事会，PE都支持蔡达标，力图在企业经营上确立蔡达标的核心地位。这样一来，本来平衡的天平，倒向了蔡达标，而潘宇海则被逐步边缘化。

在PE的建议下，蔡达标开始着手"去家族化"改革，从肯德基、麦当劳等餐饮连锁企业挖来众多职业经理人，而在此过程中，"真功夫"多位与潘宇海关系密切的中高层离职或被辞退，这使得潘宇海被进一步边缘化。

从2008年上半年开始，潘宇海与蔡达标就开始产生隔阂，起因是潘宇海提出由公司出资5000万元独立重新创建一个新品牌"哈大师"，董事会形成书面决议。然而，当潘宇海刚刚完成新项目后勤基地建设和开设两家门店后,在新项目还未来得及完成首期布点,蔡达标就采取了"断粮"的措施,在首期投入1600万元后,把持公司财务并置董事会的决议于不顾,任凭股东们如何催促也不再投入一分钱,新项目因此中途夭折。这无疑也引起了潘宇海的反弹,股东冲突由此引爆。

2009年,潘宇海发现"真功夫"公司利润严重下滑,公司经营状况每况愈下,财务反映经常有大额异常资金拨付。此时,蔡达标以运营资金缺乏为由要求董事会通过同意向银行贷款的决议,潘宇海对此提出要先审计看账,然后再看是否需要申请贷款。蔡达标坚决不同意查账,董事会因此不欢而散。

2009年初,真功夫向银行申请1亿元贷款,但潘宇海却向银行称"两大股东有矛盾,贷款有风险",银行只能停止贷款,最后还是"真功夫"的两名来自PE的董事担保,贷款才得以放行。

2009年7月,潘宇海将"真功夫"告上法庭,要求履行公司股东知情权,并请求法院查封该公司2007年7月至2008年12月的财务报告、财务账册以及会计凭证。

随后,潘宇海又向公安机关报案,司法机关于2011年开始对蔡达标立案侦查。2011年3月,"真功夫"多名涉案高管被审查,蔡达标逃跑。同年4月蔡达标被公安机关在厦门抓获。至此在"真功夫"上演的股权谍战剧才告一段落。

"真功夫"的股权结构非常简单,潘宇海占50%,蔡达标及其妻潘敏峰(潘宇海之姐)各占25%。2006年9月,蔡达标和潘敏峰协议离婚，潘敏峰放弃了自己25%的股权换得子女抚养权，这样潘宇海与蔡达标两人的股权也由此变成了50%∶50%。

2007年"真功夫"引入了两家风险投资基金：内资的中山联动和外资的今日资本，共注入资金3亿元，各占3%的股份。这样，融资之后，"真功夫"的股权结构变成：蔡、潘各占47%，VC各占3%，董事会共5席，构成为蔡达标、潘宇海、潘敏峰以及VC派出董事各1名。

随后两位创始人之间的矛盾爆发，对管理权的争夺让今日资本顶不住股东的压力而选择退出。

从上面几个案例我们看到，无论是俏江南、土豆网还是真功夫都是因为股权问题最终造成了投资人的损失，前几年很多P2P、O2O、直播平台项目的投资失败都与股权问题有关。在这些"血淋淋"的教训面前，投资人对股权融资的态度发生了转变，变得更加小心翼翼，更加对风险提高了警觉。

正因如此，在股权融资的常规条款中，投资人会设置很多保护自身利益的条款，但这些条款对于创始人而言却起着牵制作用。例如，对于财务业绩，一般来说是约束条款的核心，它是指被投公司在约定期间能否实现承诺的财务业绩。因为业绩是估值的直接依据，被投公司想获得高估值，就必须以高业绩作为保障，通常是以"净利润"作为条款的约束单位，一旦被投公司没有实现承诺的业绩利润，就会启动业绩赔偿机制。业绩赔偿的方式通常有两种：一种是赔股份，另一种是赔钱，后者较为普遍。

再如上市时间。在约束条款里关于"上市时间"的约定一般包含被投公司在约定时间内能否上市。公司一旦进入上市程序，那么协议中影响公司股权稳定和经营业绩等方面的协议就要解除。但是，解除协议对投资人来说不保险，被投公司万一不能通过上市审核怎么办？因此很多投资人都会在一方面解除从前协议的基础上，又会和公司再签一份"有条件恢复"协议，比如说将来没有成功上市，那之前的约束协议就要继续完成。

除业绩指标以外，投资人还可能对非财务业绩，包括KPI、用户人数、产量、产品销售量、技术研发等进行监控与约束。一般来说，业绩标准过于精确缺乏一定的弹性空间，容易导致公司为达成业绩做一些短视行为。因此投资人会与公司协商要求在约束协议中加入更多的柔性条款，而多方面的非财务业绩指标可以让协议更加均衡可控，如财务绩效、企业行为、管理层等多方面指标。

还有关于股权转让限制的约束。它是指对约定任一方的股权转让设置一定的条件，仅当条件达到时方可进行股权转让。如果大股东要卖股份，这是很敏感的事情，要么不看好公司，或者转移某些利益，这是很严重的事情。因此投资人必须要防止类似的情况发生。还有一种情况是公司要被收购了，出价很高，投资人和创始人都很满意，但创始人有好几个人，其中有一个就是不想卖，这个时候就涉及领售权条款，这个条款会约定大部分股东如果同意卖是可以卖的。

除了上述几点外，限制条款还可能包括对分红权的规定、对引进新投资者的限制等一系列内容。

综上所述，我们就能够体会到，股权融资实际上是对创始人的被投公司要求非常高的融资方式，投资人会通过限制条款来捆绑企业，因此我们才说，这对于创始人来说股权融资不是一条好的融资路径。

"业外人做业内事"

融资的第七个错误想法就是"业外人做业内事"。请记住，投资人只会投业内的人做业内的事。它的含义就是如果创始人从前不是做的这一行，那么投资人是不会看好的。投资人会问你："你过去做过什么？"如果你过去所做的与现在没有任何关联，那么投资人会认为凭什么本来在这个行业里的人会输给你？

很显然这种情况反映的是你过去的故事与现在没有关联，这在投资人看来是很致命的，他们认为故事的连贯性更重要，而不是听你云山雾罩地描述未来。

那些成功融资的案例，都是过去在这个行业里有着自己故事的人。

2016年6月，母婴平台贝贝网宣布完成D轮融资1亿美元，投资方为新天域、北极光、高榕资本、今日资本等机构，由泰合资本担任财务顾问。贝贝网于2014年4月上线，之后相继获得IDG资本、高榕资本及魔量资本创始合伙人胡泽民等的投资。2015年1月，完成今日资本领投的1亿美元C轮融资，估值近10亿美元。贝贝网于2015年底完成了由今日资本主投的C＋轮融资。

贝贝网的创始人兼CEO是1986年出生于四川的张良伦。2009

图6-7　贝贝网

年7月,张良伦研究生毕业,进入阿里巴巴任职,很快他从产品规划师升为产品经理,在接连负责了几个项目之后,恰逢阿里组织结构调整,公司库产品线需要一个负责人,张良伦在上级的赏识之下从一个产品经理升到了产品线的负责人,并且在取得不错的成绩之后开始带"旺铺"这支阿里巴巴核心业务之一的产品线。

随后张良伦在阿里内部名声大振,前途一片坦荡,到2010年,他已经连升两级,如果没有离开,到2011年底,连升三级已成定局。如果一直照这样的发展趋势,正常情况下,他很有机会进入阿里高层,但最终他决定创业。

张良伦创业的第一个项目是返利网站米折网,在他的运营下米折网很快就获得了IDG资本1000万元人民币的A轮融资,公司开始了跨越式的发展。随后张良伦又打造了贝贝网,成功获得了多轮融资。

张良伦出身电商行业的"航空母舰"阿里巴巴公司,在自己创业时仍然走在互联网的道路上,因此他的两家创业企业都获得了融资成功,甚至有关于张良伦创业的故事说在他从阿里巴巴出来后不久银行账号上就莫名其妙地多了很多钱,张良伦后来一问才知道是某个投资人给他打的钱,意思是看好他这个人,只要是他做的项目都会投。这个未经证实的故事恰恰反映出了投资人的一个投资特点:那就是只投行业内的人。

让我们再来看下面这个案例。

"7天"的创始人郑南雁是计算机专业出身,曾任职携程旅游网,之后自立门户,创办了7天连锁酒店。郑南雁在携程旅行网任职华南区总经理,他亲眼见证了沈南鹏、梁建章和季琦如何把一个携程做成了上市公司,也正因如此他非常了解酒店行业里的基因和游戏规则。

所以当郑南雁从携程出来创办7天连锁酒店时借鉴了携程做的另一个连锁酒店——如家的经验,自2005年成立以来,经过快速发展,7天连锁酒店分店总数已经超过2000家,覆盖全国300座城市,成为中国经济型酒店行业的第一品牌。

2004年初夏,一次偶然的机会,在朋友的介绍下郑南雁第一次见到了前乐百氏掌门人、后来"7天"董事长的何伯权。两人交谈了一天。在任何外人看来,这次谈话必定是跌宕起伏,充满着智慧的对答与思想的火花,但是郑南雁的回答却是"就是闲聊,没有什么特别的"。

他们上午谈了2个小时,中午各自吃饭,下午接着又谈了大约3

个小时。事实上，上午的2个小时里，两人属于各说各的：何伯权主要谈他经营乐百氏的前后，而郑南雁则聊他在携程的所感所想，谈对经济型连锁酒店的看法，两个人谈兴甚浓。下午的3个小时其实已经在谈一些具体的合作内容了，方案也基本确定。

当郑南雁走出何伯权办公室的时候，何伯权已经答应给他投资800万美元。这次会面后，何伯权去了美国，两人中间通了一次国际长途，敲定了大致的条款。最终，何伯权成为"7天"的大股东并出任董事长，而郑南雁个人则出资近800万元人民币，同时出任7天连锁酒店的CEO。

2006年11月，"7天"获得美国华平投资集团（Warburg Pincus）注资，并开始对外扩张；2007年9月，"7天"再次获得美国华平、德意志银行、美林集团9500万美元融资；2008年10月，"7天"获得英联投资、美国华平6500万美元注资，并于2009年11月赴美上市，成为纽交所上市的首家中国酒店。

从上述两个案例里我们可以看到这样一个规律，那就是：相比于未来，投资人更看重的是创始人的过去，张良伦和郑南雁之所以很轻松地拿到了投资人的钱是因为他们身上的故事具有连贯性与延续性。两人都是行业出身，在行业里拥有丰富的"战斗"经验，同时自主创业后仍然在这个行业里。这种情况是投资人最喜欢的投资类型，因此下面这句话请牢记："你过去做过什么比你告诉我未来要做什么更重要"。

第 7 章　讲故事的训练课程

在了解了融资路演的模式后,我们来一起看看在路演过程中融资者需要具备的常识与技巧。尽管它们不是融资成败最直接的决定因素,但却能够成为影响最终结果的动因。我们常常会说:"细节决定成败",当很多细节汇集在一起的时候确实能够对结果产生影响。

路演前的准备

融资路演其实就是在投资人面前进行演说、演示产品、推介理念及向投资人推广自己的公司、团队、产品、想法,最终从投资人那里获得融资的方式。在很多情况下,一个来融资的创始人与台下的投资人并不熟悉,那么在上台前企业与创始人自己都要经过一系列的准备才行。

首先是心理准备。在融资过程中,要做好心理上的准备和预期,有些外部因素包括投资环境和投资人的理解都会影响项目的融资进度,创始人要正确看待这些现象,对项目进行合理的融资规划。

投资人不是慈善家,他们的投资是要求回报的。并且,他们希望从你这里得到的最好是无风险与高回报，他们希望投资的企业都是快速发展、高速赚钱的机器，连号称喜好风险的风险投资家都是这样想的。因此作为企业的创始人，你要对投资人有清醒的认识，要做好应对他们的心理准备。

例如，有些原本无人问津，融资屡次失败的公司，在几个月后却突然有很多投资人挤破脑袋想要加入投资。原因不外乎几个：一是公司所在的领域突然成了"风口"，每个投资者都想搭上顺风车；二是公司的发展挂上高速挡，成长迅速，使得投资人都想参与进来；三是公司得到了某位很有市场导向性的投资人的投资，其他投资人便跟风来投。当然，三种情况也可能同时发生。

上述是一个向好期望的心理准备，但大多数时候在路演台上的失败却是实实在在的。如果你的公司确实在一些全新的领域工作，很多人最初都会把它当作笑话来看待。Chris Dixon 有句名言，"下一个大事物在最开始都会被误认为一个玩具"。因此，即使投资人有所质疑也是再正常不过的，因此做好被误解或被质疑的心理准备才不会让你在路演台上茫然失措。

创始人还要做好妥协与放弃部分业务的心理准备。从一开始，创始人就应该明白，自己的目标和投资人的目标不可能完全相同。因此，在面对投资人之前，创始人要做的一项最重要的心理准备就是：为了满足投资人的要求，我自身能做出多大的妥协。一般来讲，对于投资人而言，他不愁找不到项目来投资，因此寄望于投资人来做出妥协是不大现实的，所以创始人为了获得投资而做出一定的妥协也是确有必要的。另外，在某些情况下，投资人可能会要求创始人放弃一部分原有的业务，以使其投资目标得以实现。放弃部分业务对那些业务分散的企业来说，既很现实又确有必要，对这一点创始人同样要有心理准备才行，是死扛到底还是顺应投资人的想法就是创始人要抉择的了。

其次是业务准备，也就是企业的技术、业务、管理方面的准备，让它适合即将到来的融资路演。例如，在路演现场尽量展示出企业的元素，布置企业海报、项目展架等物料；让团队身着统一服装……做这些的目的在于让投资人从一进场地开始就能够注意到你的企业，从而对你留下一个最初的印象。当创始人上台后，投资人能够把最初的印象与创始人的形象进行重合，形成更为具象化的企业形象，从而使创始人的出现不会显得在他们的脑中过于突兀。同时创始人要提前熟悉场地，熟悉评委，熟悉主持人及周边人。古人云，作战时需要天时、地利、人和，因此在某种程度上你可以通过人为原因来对已有的环境做出一些改变。在这里笔者讲一个自己讲课的案例。

我经常会去全国各地讲课，每一次在讲课前我都有一个习惯，那就是要提前与主持人进行沟通，告诉主持人应当如何在开场白里面介绍我，其实我是在通过这种方式来教主持人如何帮助我讲故事。

一般情况下，主持人在介绍讲师的时候都会说："各位来宾，各位学员，今天我们请到的这位讲师是中科院的博士、××协会的会长……"一大堆的抬头。但实际上这些抬头对听课的人来说只会提升他们对讲课内容的期待，期待过高，一旦你的讲课没有达到他们心里已经升高的标准，就会适得其反，被认为是"忽悠"或者"也就不过如此"。

因此我觉得这种惯性的开场白并不是最佳的讲故事的方式。

我与主持人在开场白上的沟通会着重在三个方面，分别是："很不容易请到他"，"他过去做过什么事"以及"会场纪律"。

于是当主持人上台讲开场白的时候，他会这样说："各位来宾，今天我们请到沈老师来授课真不容易啊，要知道我们为了请他来讲课提前了半年预约。因为沈老师的课很难排，一年有100多场的演讲，时间安排很满，根本排不到他的课。但是尽管很难约，我们主办方还是把沈老师请来了，就在今天，所以大家一定要珍惜这个机会啊。"这个时候，其实我的抬头都不重要了，主持人讲的是一个"邀约沈老师"的故事。

讲完这个故事后，主持人开始说案例。"沈老师从前辅导过很多企业，涉及美容业、制造业等，帮助这些企业融到了很多资金，他的实战经验丰富，有任何企业融资方面的问题请大家一定要在待会儿上课的时候多和沈老师沟通。沈老师一定能够帮助到你们，他是做实战的老师。"这是第二段的故事，主持人讲的是我从前帮助过什么企业，做过什么事。

第三部分是讲会场纪律。主持人会这样说："既然机会这么难得，那么就请大家一会儿在上课的时候把手机静音，不要影响会场气氛，积极和沈老师进行交流。沈老师来自台湾，一会儿大家一定要让沈老师感受到咱们武汉企业家的热情，用我们的热情把沈老师讲课的干货逼出来，让沈老师知无不言，尽可能多讲，我们也能够多听多学,相信大家一定会收获良多。"

上面是笔者自己的案例,通过这个案例要告诉读者朋友们,我在上台之前做了准备工作,这个准备工作就是教主持人如何推销我的商品,如何叙述我的故事。而这些内容不能由我自己来说,那样会让人觉得这个讲师在"自卖自夸",缺少可信度。因此"好要别人夸"才是最好的讲故事的方式。因此,更好地利用会场周围人与物的资源来为我所用,帮助自己创造更好的路演效果是需要提前精心准备的。

最后是技术和人才准备。这里所说的技术,不是企业生产技术,而是融资技术。融资过程其实是很专业、很复杂的。许多企业的创始人都不明白"我这么好的企业,为什么没有引起投资人的青睐"。其实大多数情况是你不懂融资技术,缺乏懂融资技术的人才造成的。PPT、文字资料、短视频、创始人在简短的路演时间里所说的话都是需要提前准备的。很多失败的路演案例都呈现出:投资人最关注、最想听的,创始人没说或者没说清楚;而投资人暂时还不想听、也听不懂的,创始人却说了一大堆。这样的路演怎么能够成功?

拿短视频来说,如果能够在上台前先播放一段 2~3 分钟的短片,就会得到不错的效果。这已经成为很多企业在路演时准备的一项重要内容。关于短片如何来做我们将在后面"故事道具"的章节详细来解读,这里就先不展开描述了。

总而言之,打一场有准备的战役与毫无准备的短兵相接其结果是完全不同的,尤其是对于融资路演而言,影响投资人最终判断的条件很多，也很复杂，同时融资的成功与否又对企业未来发展有着很大的影响，两相对比之下，想要获得成功就没有任何理由不做好完全的准备。

形象管理提升好感度

在路演上台演讲前的准备做好后，接下来就要到上台演讲的部分了。在这个部分里首先遇到的问题是形象管理。广义上的形象管理所涵盖的内容具有综合性特征，它包括审美、形象设计、礼仪、心理、人际沟通交流等部分。甚至"个人"周围的人、景、事都属于它的范畴。在路演这个特殊的环境里，个人形象管理是通过对个人衣着、服饰、礼仪、沟通方式等进行有效管理，从而在投资人心目中建立起属于创始人自己的良好的个人形象乃至企业形象。因此，我们也可以把形象管理看成是上台演讲的创始人为自己建立一个"适当的"的形象而做的工作。

俗话说"人靠衣裳马靠鞍"，人与人之间的沟通所产生的影响力和信任度，是来自语言、语调和形象三个方面的。它们的重要性所占比例是：语言占7%；语调占38%；视觉（即形象）占55%，由此可见形象的重要性。

形象可以从不同的方面产生，也可以从很多的途径接收。一般而言，形象的接收方式包括以下几种：

视觉。以色彩造型为主的信息通常被视觉系统接受，而这些色彩造型的信息常和表情动作相联系，可以得出仪态风度方面的形象结论。

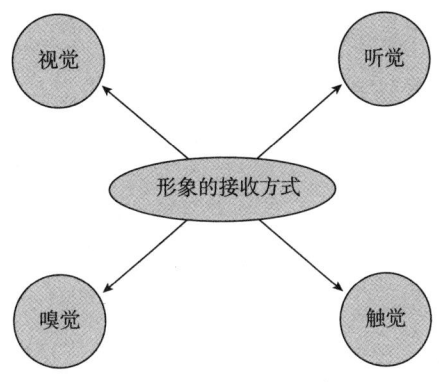

图 7-1　形象的接受方式

听觉。以声音品质为主的信息通常被听觉系统接受,这些信息传达的是事件表述和评论,接收系统可以得出沟通技巧方面的结论,也可以上升为事件的态度和情感价值观,最终得出形象结论。

嗅觉。以气味为主的信息通常被嗅觉系统接受,嗅觉信息属于一种隐性的因素,嗅觉闻到东西,人们一般不会把它讲出来,所以要消除不良气味,通过嗅觉美化增加形象的正面成分。

触觉。人们身体的接触也能传播和接收到形象的信息,例如,通过握手可以增强彼此的信赖度,通过亲吻可以表达爱慕等。

在路演这个特殊的场合,被应用最多的是视觉与听觉。但也不能忽视嗅觉与触觉的作用。例如,创始人如果有狐臭,那么不能够很好地遮挡气味也同样会对坐在对面的投资人产生负面影响。

如果把人看成是一种商品,那么在路演过程中,实际上就是创始人在推销自己乃至推销企业。它也会类似于商品拥有制造、包装、行销三个过程。具体来说,人的品质是指人的内涵;人的包装就是让别人知道自己;而人的行销就是通过路演渠道进行活动的过程。

这也就构成了路演形象管理的三个步骤，即内在、表达和公关。

在路演过程中表达能力的表现一般包含以下几个方面：第一是文字；第二是语言；第三是视觉表达，即衣着服装仪容等，这是可以用眼睛、鼻子所接收到的表达信息；第四则是行为表达，如动作等。

有研究表明，人们建立第一印象的时间非常短，平均只需要7秒钟的时间就可以对别人产生第一印象。所以我们常会看到人与人见面的时候，每个人都会用极短的时间打量别人，然后进行简单的归纳，从而很快得出判断性的第一印象。因此在路演者上台后，都会在最开始的7秒钟左右保持微笑，同时伴随有走路动作。

而在7秒钟之后的更多交流时间里，就是行为表达的过程。在这个过程中，路演者的语言、肢体行为所传达出的形象将会对第一印象进行修正和补充。

因此要想在7秒钟的时间里给投资人留下美好的第一印象，就必须懂得在服装仪容、仪态举止上展现出自己最美好的一面。一般而言，对男性创始人来讲，上台的衣着要穿西装而不能只穿衬衫，皮鞋要新，可以选择时尚款式，但一定要很干净……对于女性创始人来说，则尽量要以职业衣着出现，表现出干练、雷厉风行的作风，应当避免浓妆艳抹……正式中有一点点随意，优雅里带一点点感性的休闲商务装扮一般会被认为是最为妥当的装扮。要知道穿得太好或太差，或是太过醒目都是有风险的。因为最后投资人会关注你的衣服而不是你演讲的内容。疯狂的衣着、过高的鞋跟以及满脸的胡须，这些都会让听众分心。在这里有一个比较取巧的穿着方式，那就是让团队的每个人都统一穿上印有企业 LOGO 的 T 恤。这样你既为企业和团队做了广告，又展示出了一个比较完整的企业文化。

对创始人来说，融资路演是展现个人魅力最直观的方式，得体的着装是对自己和投资人最基本的尊重，并直接关系到整个路演过程的气氛。

除了着装，一些小行为也非常重要。不要一直重复一些不必要的动作，更不要把一些效果不好的动作展现在台上。例如，有很多人都会不自觉地去推眼镜框，甚至是重复做这个动作。推眼镜框的动作偶尔为之还可以理解，但不断重复就会显得现场效果非常不好，类似的动作还有很多。另外一些动作则是完全不应当出现在路演台上的，如站在台上抖腿、挖鼻孔、摆弄头发……看上去这些都很可笑对不对？但在现实里这些动作我却都在路演台上看到过。

在听觉展现方面，第一个需要注意的地方是口音问题。在中国的路演台上是需要说普通话的，因此如果你的演讲是用地方口音来完成的，则很难成功。因为投资人很可能听不懂。

第二个需要注意的地方是声音控制的问题。当一个人站在台上面对很多观众演讲的时候，紧张是必然的。紧张的情绪会令心跳加速，声音颤抖，甚至影响讲话的思路。因此对声音的控制非常必要。尤其是在路演这个场合，如果一家企业的创始人在面对投资人演讲时声音颤抖、音量过小或者总是间断，就会被认为是缺乏自信的表现。

第三个需要注意的地方则是语速问题。大部分人都不是天生的演讲家，因此在讲话速度上无法控制得很得体，比如我经常会看到有些人讲得过快，他们表现出了紧张、演讲内容准备得很熟练和希望路演过堂赶快过去的倾向；而另一些人则讲得过慢，他们表现出的还是紧张与路演准备不充分的特征。一旦发生这样的情况，我坐在台下都会觉得很难受。一方面，过快的语速让我没有时间去反应演讲者所讲的内容背后的含义，导致我的大脑想要跟上演讲者的节奏就会很吃力；另一方面过慢的语速则让我有种思维骤停的感觉，让一个连贯的思维被迫中断。

因此，路演演讲时控制语速就显得非常重要了，它能让你的讲解更清晰。合适的语速既不容易犯错，又能够给听者带来舒服的感觉。控制语速最关键的是设定一个演讲标准语速作为参考，在这个语速基础上进行加快或减慢。从头到尾都快就无所谓快，从头到尾都慢也无所谓慢，快慢是相对而言的。演讲时，一般语速是每分钟 250~280 字，其实每分钟无论是 250 字以下，还是 280 字以上，都是相对的，指的是平均值。在这里更为高级一点的方式是根据演讲的内容随时变换语速，如陈述的阶段可以慢一些，而表述案例的时候可以快一点，如此循环细分，让语速自然产生变化，抑扬顿挫感也就随之出来了。

最后，关于嗅觉与触觉的问题在路演中体现得并不十分明显，但也请大家尽量去注意其中的细节，如对嗅觉而言，过浓的香水味与体味都是需要避免的；而触觉则主要表现在握手的环节，在商务礼仪中这些都有明确的规定，在这里我就不再展开论述了。

总而言之，在路演中形象管理不仅是一个表面功夫，更要从多角度多方位地进行准备，它并不是什么了不得的技巧，但却能够体现出一个企业创始人对路演的重视程度。

台上表现的 6 个细节

接下来，我要重点讲讲在路演台上应当注意的一些问题，这部分内容具有很强的实战性。我把它们总结为以下 6 个方面，这 6 个方面基本涵盖了演讲者在路演台上表现的方方面面。

第一个细节是语气语调。因为一个完整的演讲内容应该包含 7% 的语言加上 38% 的语调再加上 55% 的形体语言。由此可见，语调在演讲表达中作用明显。所谓语调，就是指说话时声音的高低、轻重、快慢、停顿的变化。这种变化对于表情达意来说具有非常重要的作用。高兴、喜悦、难过、悲哀、愁苦、犹豫、轻松、坚定、豪迈等复杂情感，都能通过语调的变化表现出来。同时，这种变化还可以造成声音的多样化，赋予听众听觉上的美感，从而使其乐于接受。

如果在路演过程里，一个演讲者讲话的语调从头到尾都是平的，那么听他说话的人就会感觉枯燥无味从而失去兴趣。我们听歌也一样，一首歌曲旋律优美，抑扬顿挫才会让人感觉美妙无比。如果从头到尾都是一个调子，人们很快就会失去兴趣。演讲更是如此，通过语调的起承转合来配合叙述内容的跌宕起伏才是最高级的路演演讲。

语调的运用技巧包括以下几点：

首先是轻重变化。对演讲者来说，利用轻重音起伏跌宕的变化来有效地表达内容是非常必要和重要的。它既能突出演讲内容中的某些关键的词、句和段落，达到强调的目的，又能加强语言的色彩，美化语言。

成功的路演经验表明，一般情况下，路演演讲在项目介绍环节演讲者往往设置的重音较多，甚至整段都是重音，以此来营造一种强烈的气氛，突出项目的主要内容，给投资人留下了深刻的印象。

其次是快慢变化。这与我们前文谈到的语速问题有所不同，我们可以把它看成是通过语速的变化来诠释不同的演讲内容。演讲语音的变化，应当是自然、顺畅的，只有音速适宜、快慢有致，才既能有效地传达信息，又能令投资人感到舒服。如果语速不当，缺乏快慢变化，始终保持一个速度，那就很难准确、恰当地表达出演讲者所要表达的内容含义，也会使投资人感到厌烦，难以接受。

最后是高低变化。语调要有高低变化，也就是我们常说的抑扬顿挫。一般说来，高音为升调，即句子调值由低到高，句尾发音往往最高，一般用于疑问句；低音为降调，即句子调值由高到低，句尾发音往往最低，一般用于陈述句或感叹句。在路演中，为了更有效地表达内容背后的含义，就不能不对语言做高低抑扬的变化处理。演讲者既不能一味地高，也不能一味地低．只有使音调的高低随意而变、随情而变，才能造成最佳的路演效果。

我们既然把路演看作是一个讲故事的演讲，那么通过语气语调的变化来使故事跌宕起伏，从而抓住投资人的心就显得尤为重要，这其实与说评书有类似之处。

第二个应当注意的细节是笑容。"爱笑的人运气都不会差"，在融资路演的场合也是如此。

笑是人的一种平和心态以及善良的内心表现。在与他人互动的

图 7-2 路演细节之笑容

时候微笑是最好的展现人与人之间善意交往的媒介。当然人的笑也分为不同的种类,并不是所有的笑都适合路演这个场合,我们必须加以区分。

在日常生活最常出现的笑,通常是表示谢意、歉意或友好的,例如,上车时别人帮你提了一下提包,你会对他报以浅浅的微笑,以示感谢;别人不小心踩了一下你的脚,他会面带微笑地看着你,以示自己的歉意;当朋友为你介绍某一个人时,你会面带微笑地看着对方,以示自己的友好姿态……这种笑容是在路演中被运用最广泛的一种。

勉强的笑容也是经常会出现的。它是一种僵硬的笑,俗称"皮笑肉不笑"。这种笑容有很大的牵强成分,经常会出现在内心并不认同却不得不附和的时候，很显然这并不是一种发自内心的笑。在路演时切忌出现这样的笑容。

接下来是窃笑。顾名思义，窃笑就是指偷偷地笑，且笑声较低也不长。它多出现在某人看到一件事情有趣而可笑的一面，而其他人却浑然不觉的时候。不过，有时候一些人在看见别人遭到批评、失败，或是处于某种尴尬情景之中时，也会发出此种笑。所以，窃笑有时又有幸灾乐祸的味道。你可能觉得这种笑容不会出现在路演场合，实则不然，由于很多路演活动并不是只有一家企业参与，因此，当几家企业共同出现在路演活动里时就不可避免地会"竞争"投资人，尽管这种竞争隐性的成分更大。在这种情况下，幸灾乐祸地窃笑总是会不合时宜地出现，很显然它并不是路演里一种好的笑容表现。

轻蔑的笑多被人们鄙视，但在很多场合却很常见。笑时鼻子朝天，一副"自以为是"的表情，并轻蔑地看着被笑的一方。那些有权有势、高傲或自视清高的人在看见权势低下或地位卑微的人时往往会发出此种笑。轻蔑的笑多有一种看不起的成分夹杂其中，尤其是对于企业创始人而言，过于自信有时会让他们忘记了自己的身份，尽管你可能是行业专家或者曾经做出过令人惊叹的业绩，但在路演这个场合，还是请你收起自己的傲气，用谦虚的姿态来赢得投资人的好感吧。

最后是哈哈大笑。这是一种非常爽朗、豪放的笑，在生活中也十分常见。当一个人遇到非常高兴的事，或是终于实现了自己的某个理想、愿望时，通常会发出此种笑声。不过，这种笑声带有一种威压感，会震慑他人，从而使人心生戒备。因此即使你与投资人谈得非常投机，也尽量不要这样笑，以免被认为是得意忘形。

为了在路演场合既表现出亲和力又能够展现自信的风采，就必须要对笑容进行练习。我的观点是要采用温柔的笑，让自己眼中含笑，这是最佳的笑容展现方式。为了获得这种笑容你可以这样来练习：在镜前反复练习微笑，形成肌肉记忆；在走上路演台前，先想些开心的事情，面对投资人时尽量把他们当成熟悉的人；熟悉你所要讲的内容，并反复练习增加自信度。最好能够在正式路演之前先在一些人面前试讲。

图 7-3　路演细节之数据

第三个应当注意的细节是数据。演讲者的心里要尽可能掌握与路演内容相关的一切数据。对数据的掌握越多会让演讲者越有自信，同时也能够帮助演讲者回答投资人的各种问题。同时，还有一点需要注意，演讲者心里知道的一定要比展现出来的多，因为在提问环节投资人的问题往往是你展现的内容之外的，如果你能够对答如流，那么就会让投资人觉得这个演讲者对行业与项目的理解很深，并不仅仅是刚刚所展现出来的而已。这可以被称为"演讲弹性",即我知道五但是我只讲到三,让自己仍然手握"秘密武器",从容应对接下来的提问。

图7-4　路演细节之眼神

第四个应当注意的细节是眼神。人们常说"眼睛会说话",眼神能够表达出一些用语言难以表达的极其微妙的思想感情。眼神能表现出热情,也能表现出冷酷;眼神能表现出尊重,也能表现出鄙视……在整个演讲中,眼神的表情达意有着举足轻重的作用,有经验的路演演讲者能够恰当巧妙地运用自己的眼神,表达出丰富而多变的思想感情,以影响和感染听众,加强演讲效果。美国第40任总统里根出身演员,拥有高超的表演技巧,每次演讲他都能充分运用目光语言。他的眼睛有时像聚光灯,把目光聚集到全场的某一点上;有时则像探照灯,目光扫遍全场。因此有人评价他的眼神是一台

"征服一切的戏"。

路演中对眼神的运用很有技巧，一般来说，不同的眼神所传递出的含义不同，带给听者的感受也会不同。在这里需要注意一些问题。

在路演台上演讲者要学会根据不同的情况来改变眼神。例如，在表示思索、回忆时视线要向上，在叙述失败的经历时眼神要向下。

同时，在路演的整个过程里，演讲者要有节奏或周期性地把视线从听众的左方扫向右方，从右方扫向左方，或从前排到后排，从后排到前排。视线每走一步都是弧形，弧形又构成一个整体环形。演讲者要通过这种方式不断地观察台下，与所有投资人保持眼睛接触，增强相互间的感情联系。当然这里面要注意一个问题，即眼神环视四周的频率不宜太频繁，而且不要让眼睛滴溜溜转，这样会使投资人不知所以并感到滑稽可笑。

闭眼同样是视线变化的特殊表现，是一种无方向的视线，无视线的视线。人的眨眼一般是每分钟 5~8 次，如果眨眼时间超过一秒钟就成了闭眼。闭眼在路演台上有时也有一定的作用。例如，当所讲的内容让情感难以控制的时候，演讲者可以短暂地闭一下眼睛，以表示某种特殊的感情，此时的这种"无视线"往往可以收到意想不到的效果，它能够让投资人受到你情绪的感染，从而肯定这种情感的真实性。

演讲的最高境界是"眼中无观众，心中有观众"。它指的是演讲者的眼睛好像看着什么地方、什么人，但实际上什么也没看。这种眼神的运用尽管什么也没有看在眼里，但它成为接下来观察的一种过渡。对于初上路演台的演讲者而言，采用这种方法可以克服自己紧张与分神的毛病，不至于使自己看到台下那些火辣辣的眼神而害怕。这种眼神还能够给人以彬彬有礼、谦虚大方的感觉。

另一个需要注意的地方是当演讲者根据背景屏幕上的 PPT 或图片内容来讲述时，切忌不要面对屏幕或侧对屏幕来讲解，这都是不好的。而是应当面向观众，面向那些听你讲故事的人，视线平直向前而弧形流转，立足观众席的中心线，以此为中心照顾两边，同时视线的推进要按语句有节奏地进行，同时也要顾及那些坐在偏僻角落的听众。

总而言之，演讲者除了特殊需要，眼神都应当保持平直向前，注视所有的观众。这样的视线，可以使观众感到"他是在向我讲述"，引起他们的注意。

我们发现有很多缺少经验的路演演讲者，在演讲时，或每每仰望天花板，或时而俯视地板，或忽而左右环顾，或引目张望场外，这些都是不应有的眼神动作。

上述我们谈到了关于路演演讲时眼神的运用应当注意的问题。需要特别说明的是，眼神的运用往往是各种方法综合考虑、交叉使用的，同时要按照内容的需要与话语的节拍，配合声音和手势、身姿等立体进行，协同体现，以求收到更大的效果。孤立的眼神会显得单调无力，不能充分实现传神达意的作用。眼神的变化要有一定的目的，要抛弃那种故弄玄虚、神秘莫测的眼神，因为这种眼神会造成听众的迷惑；眼神要同演讲者讲述内容的变化同步产生和终止，不能够内容都讲完了，眼神还没有恢复正常。最后，一定不能过多地使用凝视,这样会对观众形成压力。

图7-5 路演细节之停顿

第五个应当注意的细节是停顿。停顿,就是说话时的间歇。在路演中,停顿一般分为逻辑停顿、感情停顿和生理停顿。逻辑停顿是为了突出某一语意所做的停顿。让我们看看下面这个例子。

英国政治家赖白斯曾在伦敦参事会上演讲劳工情况,讲到一半,他突然停了下来,取出了表,站在那儿一声不响地看着观众,达1分12秒之久,其他参事员坐在椅子上很奇怪,互相看来看去,不知发生了什么事。后来大家一致认为:赖白斯忘了演讲词。就在这时,赖白斯突然大声地讲道:

"诸位适才所感觉的局促不安的72秒就是每个普通工人垒起一块砖所用的时间。"

在这个案例里,赖白斯巧妙地利用了逻辑停顿,让其他参事员领略到了普通工人劳动的辛苦，突出了演讲的主题。

感情停顿则是指为了某种情感或受感情的支配而做的停顿。感情停顿往往与逻辑重音、感情重音相配合。感情停顿如果有充分的内涵和饱满的感情，往往比有声语言更丰富、更深沉，令人有"此时无声胜有声"之感。而生理停顿则是指在叙述长句时，找到中间某个合适的地方停顿，为的是换一口气。

具体到路演的场合，不仅要有停顿，而且还应该利用停顿，使停顿变为一种表达方式，以求更有效地表达演讲者的思想，同时也给投资人思索的时间。一般情况下，可做一般性停顿。然而，在某些特殊情况下，则应做较长一些的停顿。例如，在提出自己的观点之后，在说出某一个妙语之后，在讲清一个相对完整的意思之后，都应该做较长时间的停顿。

还有一种情况是在列举事例之前。路演者在介绍了自己的职业背景后，需要为投资人讲述一个与此有关的事例或讲一个故事来加深投资人的印象和理解，这时可以采用在举例之前稍稍停顿一下的方法来引起投资人的注意和好奇。例如，一个融资者在介绍自己的职业履历时说："我曾经在一家跨国公司担任市场部总监，在位期间我率领部门完成了销售额翻倍的销售目标。在这里我想给大家分享一个具有代表性的项目经历……"说到这路演者可以有目的地略作停顿，然后再娓娓道来自己的故事，这样的停顿会让接下来的故事效果更好。

综上所述，停顿是路演演讲中一种非常有效的表达方法，它能够使整个路演过程抑扬顿挫、连贯畅通。但需要注意的是，停顿的方法也不能够滥用。

首先，不恰当的停顿会使一个连贯的说话过程中断，影响表达效果。如果不分场合故作深沉、滥用停顿，只会给人留下矫揉造作的印象。其次，停顿的时间长短要适度。停顿的确能对观众产生一定的影响，但如果时间掌握不当，其结果将会适得其反。如停顿的时间太短，观众来不及反应，等于没有停顿；停顿的时间过长，让观众有足够的想象时间，这会使本想强调的话语反而变得平淡无味。

第六个应当注意的细节是不要不断重复相同的内容。我们可以看到很多路演演讲者都知道强调的重要性，但是他们所采用的方式并不成功。例如，当需要强调自己说过的某个内容时，他们采用的方法是重复，这种重复不仅仅是语言上的重复，还包括语义上的重复，即用不同的话语表达相同的意思。殊不知，总是重复已经讲过的内容会让投资人感觉自己在浪费时间，从而产生厌烦情绪。

正确的方法是在准备内容时尽可能从多个角度、多个重点来准备，在演讲时不断抛出新的"点"，让投资人尽可能多地接收到你传达的不同信息，而对于重点内容可以通过语气、肢体语言以及直接说明来表现。

还有很多路演演讲者在演讲时做相同的姿势或是动作不断重复，这同样会让投资人感到厌烦。因为动作可以加强演说中的内容，但相同动作的不断重复则会让人感觉疲劳。

上述就是路演环节中应注意的细节问题，每一个问题单独拿出来都不大，但组合在一起却能够影响投资人的直观感受，因此请大家不要忽视它们。

问答环节的应对方法

在路演的各个环节里，问答环节是最为重要的一个部分，因为它充满着不确定性，对于演讲者而言无法完全提前预知，但偏偏这个环节起着决定性的作用，关系到路演的成败。

当投资人开始提问时，演讲者首先需要做的就是倾听。倾听也是有讲究的，演讲者应当用善意的笑容与提问的投资人目光对视，表现出自己诚恳的态度，同时要等到对方提问完毕再行回答，而不能在对方讲话的过程里迫不及待地插话。

其次，当面对一些尖锐的问题时，不要有任何情绪的波动，要知道提出尖锐问题的投资人都是对你感兴趣的投资人，否则他只会问一些不疼不痒的问题充数。因此，越是尖锐的问题越要耐心回答。

最后，当遇到回答不出来的问题时，不要强词夺理或者欲盖弥彰，而是应当原原本本地承认自己的不足。例如，当投资人问某个经营数据时，如果演讲者都不能给出确切的数字，那么就应当照实回答："非常抱歉，这个数据我暂时无法给出，需要在会后与技术部门沟通后拿到，等拿到这个数据我会专门发给您。"很多演讲者都不希望被投资人问住，好像这样会显得自己不够专业。但一个人的能力毕竟有限，对于一个企业或者项目而言，你不可能知道所有的事情，因此回答不出投资人的问题是很正常的，勇于承认不仅不会丢脸反而可能是最佳的回答方式。

由于投资人提问是路演过程中必不可少的环节，因此尽管不能完全掌握投资人提问的内容，但演讲者还是可以提前进行一些必要的准备，设想一些投资人可能提出的问题，并准备好回答的内容。一般来说，投资人问到的问题可能会涉及以下几个方面：

第一，投资人最爱问的一类问题是"市场空间够大吗"。因为融资项目所处的市场有多大在很大程度上决定了公司未来能够发展到多大。"企业做大的头号杀手是缺乏市场"，再聪明的创始人，再先进的技术，也无法抵挡一个错误的市场给企业带来的毁灭。对很多投资人来说，愿意选择市场规模较大的行业也是对投资风险的一种管控，这也是创始人需要思考的一个问题，如果你选择的是一个市场规模不大的行业，肯定会受到投资人关于是否在做一个"小而美"的"生意"的质疑，因此必须提前想好应对的方法。

第二，"为什么是现在"的问题。风险投资是对创业的资本助力，但为什么选择这个时间节点融资是创始人需要正面回答的问题。这是一个创始人如何规划资本的杠杆作用，来帮助企业快速发展的问题，同时也关系到创始人或团队对资本的运用和理解。

第三，关于股权分配的问题。股权分配问题几乎是路演里投资人必问的问题之一，它背后隐含的是投资人对融资方股权是否复杂的顾虑。在这里我要多说几句，因为对于一家企业尤其是创业型企业而言，股权设计对融资成败的影响非常大。为了成功融资，企业创始人必须要明确股权设计的几个核心目标：

（1）股权设计要维护企业创始人的控制权，否则投资人会觉得企业没有核心，进而担心失控风险。也就是说，为投资人讲故事的人必须是企业的主角；

（2）通过股权设计要能凝聚核心团队，吸引对公司有价值的人才；

（3）股权设计不能让投资人担心自己进不来；

（4）股权设计不能为上市设置障碍，因此要避免对赌、代持等问题。

如果以未来上市为前提进行股权设计，那么创始人的股份应该在40%左右，这样对每个融资阶段能放出多少股份会比较清楚，一般而言，创始核心团队占比可以在10%~20%，剩下的30%左右是投资人的。

创始人要根据企业业务发展情况判断公司的融资额度，估算出需要多少钱之后，预定融资节奏，如半年一次等。然后，通过估算不同时间节点的企业估值和每一轮融到的资金，再算出对应的股份，这样有助于创始人明确投资人进来后拿多少钱，占多少股份。一般来说，投资人都希望联合创始人在公司是全职，并且不建议持有太多的股份。同时投资人的股权分配是根据企业需要的资金额度和目前的估值来确定股份数。

第四，投资人还可能会问到一些数据问题。关于数据的问题在前文我们曾经讲过，这里就不再赘述，需要特别注意的是，演讲者所准备的数据必须是真实可靠的，因为如果投资人对你感兴趣，是不会仅仅听你讲数据故事的，他肯定会通过自己的方式去验证这些数据的真实性。

第五，还有一类问题会经常出现，那就是"钱怎么花"的问题。对融资的使用创始人也要提前想好，比如是用在市场扩张还是技术研发上，你需要明确地告诉投资人。

还有一些经常会被投资人问到的问题我也总结出来供读者朋友们参考，在每个问题的后面，我也把其背后的含义罗列了出来。

1. 你的技术是否具有突破性，而不仅仅是稍有改进？

背后的含义：因为优秀的技术公司，其拥有的专有技术应该比最相近的技术高一个数量级。公司必须力争做到10倍的改进，稍有改进对终端用户来说就是毫无改进。

2. 你现在进入这个行业时机合适吗？

背后的含义：进入缓慢发展的市场是不错的策略，但是只有你有明确可行的计划来抢夺市场才行。

3. 你是否能够在一个市场里抢占大份额？

背后的含义：很多公司的创始人都会强调市场很大，足以满足所有的进入者，每个人都认为自己的公司自有优势。但是如果你不能就垄断市场拿出独特的解决方案，就无法摆脱恶性竞争。

4. 你有合适的团队吗？

背后的含义：投资的关键是投人，阿里巴巴有马云的十八罗汉，腾讯有马化腾和他的创业五兄弟，苹果有乔布斯、斯蒂芬·沃兹奈克，雅虎有杨致远和费罗……而你有好的合伙人吗？有好的管理团队吗？

5. 你研发的这个产品有没有办法卖出去？

背后的含义：销售和物流与产品本身一样重要。在企业里有很多技术精英会忽视销售，认为营销只是表象，不能改变产品本身，但这不是真的。每个人都有产品需要销售——不论你是员工、创始人,还是投资者。

6. 在未来的10年或20年里,你能保住自己的市场地位吗?

背后的含义:企业持久的竞争力如何,如何在市场竞争中保证长时间的竞争优势。

如何在路演台上讲好故事从而获得融资的成功是需要很多技巧的,本章向大家介绍了讲好故事的一些相关方法与技巧,如果你们能够在路演流程里熟练运用它们,相信对提升融资成功率能够起到很大的帮助。

PART 3
如何编制故事道具

既然是通过讲故事来融资,那么除了"讲",还必须配合一些道具的使用。从当下路演的模式来看,道具素材的展示必不可少,并且其中大有文章。在本书的第三部分,为读者朋友们介绍有关"故事道具"的编制问题,它们分为项目视频、商业计划书、PPT 三大类。

第 8 章　项目视频

第一类"故事道具"就是项目视频。项目视频一般来说是在路演正式开始前为预热演讲台而预先播放的一个短视频，由于大多是在真正的演讲开始前播放，因此项目视频肩负着帮助投资人了解项目、了解企业、了解团队的重任。

视频在路演中的重要作用

随着网络日新月异地发展，短视频成为一个重要的内容传播方式。在融资路演里，短视频的出现并不早，它是在近几年才兴起的，但与传统的 PPT 模版式内容传播方式不同，短视频可以更为直观地传达演讲者所希望传递的内容信息，因此它也就成为路演活动中重要的"杀器"。短视频在内容呈现方面有很多优势。

第一，短视频的最大特点就是"短"，一个短视频可以把想要表达的主题浓缩在一个较小的时间段内，很好地解决了由于信息量过大导致信息传递时间过长的问题。

第二，就像当年的微博最多只能输出 120 个字，还是有人写得很好；短视频也是一样，尽管展示时间短，但它的内容并没有因为时间短而被"阉割"，反而更能体现出"浓缩就是精华"的道理。

第三，现代人在做任何事情时都讲究效率，在信息越来越快餐化的时代，人们最喜欢的接受信息方式就是集中化，也就是在有限的时间内获得最大的信息量，而短视频则具有这种潜质——直奔主题、信息量大、直观和形象。

正由于此，短视频的运用不仅在网络中越来越多，也登上了融资路演的舞台。例如，在《创客中国》的节目组里，每当一位融资人走上舞台之前，节目组都会播放与之相关的一个短片来介绍融资人与项目。

而从短视频展现的效果来看，可以说与路演的形式结合得非常成功。通过短视频投资人和观众在很短的时间里就能够了解融资人的基本情况与项目的概况，从而在演讲者上台前就产生了第一印象，大大缩短了双方在初期沟通时的时间成本，对投融资双方而言可谓双赢。也正因为如此，播放短视频成为路演中的重要环节。

路演视频内容设计

既然视频的作用如此之大，那么想要路演胜出就不能忽视它。由于路演的场景特殊，整个过程也具有显著的专业特征，因此在路演视频内容的设计上也同样要专业精细。一般来说，视频的内容可以包括以下几个方面：

第一，"我是谁"。这部分内容是创始人对自己的介绍，其中可以包括原生家庭、求学经历、职场经历、创业想法等内容。

第二，项目介绍，其中应当包括行业概况、技术能力、融资项目的发展状况、自身优势以及取得的成绩等。

第三，团队介绍。即对企业创始团队以及执行团队的大致介绍。

由于视频仅仅是路演环节其中的一个"故事道具"，因此没有必要面面俱到，我认为只要包含上述三方面的内容就可以了。

尽管很容易确定视频所涵盖的大致内容，但具体到如何编排内容、设计脚本、如何表现方面却很有学问。

首先要完成解说词的撰写。作为视频的主要叙述内容，解说词应干净利落，语言通畅明白，词句短小简洁，语言力求口语化、形象化。

其次要注意内容表现的细节。路演视频所构建的故事必须通过栩栩如生的人物形象、色彩鲜明的画面、生动的场景才能达到表现情、蕴含理的效果，细节是表现人物、产品、事件、环境的最小单位，典型的细节能以少胜多，以小见大，起到画龙点睛的作用，从而给观众留下深刻的印象。例如，你的产品是一道沙拉，那么如何拍摄才能让观看者直观地感受到沙拉的美，从而产生食欲就非常重要了，通过光影效果与拍摄角度的变化让产品更具有美感、更具有现代感就成为成功的关键。

再次要注意表现背景。背景，又称为环境，是路演视频的基本构成因素，也是视频中反映的人物的性格、项目发生、发展和变化的根据，它将贯穿视频的始终。如果你的产品是一款自行车，那么骑行在不同环境里的各种效果就是需要展现的内容，这时环境背景的选择就十分重要了。

最后要注意构思。一个成功的路演视频的构思一要完整，二要新颖，三要有故事性。我们不要忘了，路演是为了向投资人讲述你的故事，为了配合这一点，视频在构思上就要符合一个故事的基本特征，并且最好是独具匠心的。例如，在介绍创始人的时候就可以采用故事化的手法，把创始人的成长、求学、职业路径以故事的形式表现出来；再如在创业想法的部分也可以加入故事的元素，把如何生成的这个想法，为了实现这个想法都做了什么，如何找到的合作伙伴（联合创始人）……诸如此类的内容通过故事的形式来呈现。甚至项目的实施过程也可以是一个好故事，它包括经历了哪些困难，如何克服困难，如何坚持自我，如何渡过难关迎来新生……

视频脚本控制的是整个拍摄流程，也包括视频的文字呈现。因此最好是做成分镜头脚本，具体到每个画面是什么，多长时间，什么时候有音乐、字幕等。通过故事性的构思脚本制作出的视频一定会是一个充满悬念、充满吸引力，让人愿意看下去的视频，它比枯燥的项目描述、平淡的自我介绍要好上几倍。

视频里的情感驱动

由于很多企业并不具备专业的视频制作技术，因此就需要外包来完成。融资企业可以找专业的视频制作公司来帮助完成路演视频的制作。但制作公司能够帮你完成视频，却不能把握视频所传递出的内容是否能够打动投资人。因此，要想给投资人留下正面的深刻印象，你还必须要在视频里讲故事的时候运用到情感驱动的力量。

路演的目的是通过你所讲的故事来"感动"投资人，因此视频作为"故事道具"承载着这样的使命。要知道情感包含喜、怒、哀、乐、恩、怨、情、仇等。它是主导一个人行为的动因，是引导一个人行为的动力。因此，演讲者只有唤起投资人情感的共鸣，用驱动力开启投资人的情感大门才能获得成功。而一个好的"故事"恰恰能够做到这一点。那么投资人是否会吃"故事"这一套呢？答案当然不言而喻。

真格基金的创始人徐小平就是一个爱讲故事，同时也爱听故事的感性投资人。他是新东方曾经的"三驾马车"之一，《中国合伙人》电影中三大主角之一"王阳"的原型。即使后来做了天使投资人，徐小平的人文情怀也丝毫未减，被称为"感性派投资人"。

2006年新东方在美国上市后，徐小平离职并联合王强创办了天使投资机构——真格基金。至今，真格基金已投资了上百个项目。徐小平的投资风格非常感性，如果一个项目半小时内没让他头脑发热，就无法获得他的青睐。徐小平最重要的投资标准就是看人，如果你是MIT毕业，有海外背景，有着跌宕起伏的创业故事，那么你被看中的概率就会大大提升。很多时候徐小平投资与否的标准就是凭自己的直觉判断这个"人"能否让自己激动和感动。

从徐小平的投资经历中我们能够看到投资人感性的一面，这恰恰说明，面对投资人时用"讲故事"的方式来融资往往更具有成功的优势，关键就在于你能否通过你的故事打开投资人心中的情感大门。

那么让我们回到视频这个话题上来，如何在视频里通过情感驱动来打动投资人呢？最重要的一点就是让它跌宕起伏起来。通过内容、故事、场景甚至是音乐的加成让整个视频去冲击投资人的内心，驱动起他们的情感，这才是最直接的方式。

如何做呢？

想要驱动情感就要唤起投资人的情感共鸣。心理学中有一条重要的"情感共鸣"原则，它是指两个人或者一个群体在日常行为和生活上产生了一种灵魂上和精神上的无限延展和沟通，对事物的看法和理解基本一致，达到配合默契的交往。如果把视频看成是一种内容传播的方式，那么在传播中，情感共鸣的实现对于整个传播来说至关重要，可以说是衡量传播是否成功的关键。只有投资人理解并认同了视频里的内容，在心理上产生了"共鸣"，才能够实现内容的有效传递。

那么如何来实现情感共鸣？有以下几种方法。

首先是关注人而不是事。尽管你来参加路演是为了获得融资这件事，但实际上关注投资人本人远比一心求得融资成功这件事更为重要。中国有句俗话："买卖不成人情在"，如果通过路演与投资人建立起了相识的关系，即使这次融资不成，下次也还会有机会。从另一个角度来看，如果一个演讲者从头到尾都在大谈自己的项目，就会显得过于急功近利，过于商务化。要知道坐在你对面的投资人是人而不是智能机器，与人打交道不通过情感只通过数据能取得好的效果吗？因此，关注投资人的偏好、投资习惯、朋友圈、关系网络，进而从中找到与他能够产生共鸣的地方是与投资人拉近距离的最好方法。例如，前文我们提到过的，很多投资人只会投资给认识的人或者认识的人介绍的人，如果你能够有与投资人共同认识的人，就相当于你与投资人之间有了一个可以发起情感共鸣的基础点。

其次是与投资人观点一致。所有演讲者都希望听众认同自己的观点，当有人提出质疑的时候他们就会想方设法去说服对方，这种习惯在路演台上是不讨好的，同时在视频播放的过程中也是不容易实现的。但从说服的角度来看，在路演这个特殊的环境中，投资人处于强势地位，而演讲人处于弱势。因此急迫地想要说服投资人一方面会因为地位的不对等而起到反效果，另一方面言多必失，越多的解释反而可能会让演讲者的思路变得混乱继而给自己带来更多被质疑的地方。因此，我的观点是不要去说服投资人认同你的观点，最好的方式是让你的观点正好与他的观点重合一致，而这种重合的观点要尽可能地表现在视频的内容里。

由于人与人之间，很难一开始就产生共鸣，所以必须先诱发对方与你交谈的兴趣，再经过一番深刻的对谈，才能让彼此更加了解。当你尝试说服投资人，或对投资人有所请求时，也可以采用这种方式。你不妨先避开对方的忌讳，从对方感兴趣的话题入手，并且不要太早暴露自己的意图，等对方一步步赞同你的想法后，便会不自觉地认同你的观点。让我们来看下面这个故事。

著名的科学家伽利略在年轻时立志要在科学研究方面有所成就，因此，他希望得到父亲的支持和帮助。有一天，他对父亲说："父亲，我想问你一件事，是什么促成了您和母亲的婚事？"

父亲回答："因为你的母亲十分吸引我。"

伽利略又问："那您有没有娶过别的女人？"

父亲说："没有。家人曾经要我娶一位富有的女士，可是我只对你母亲钟情。"

伽利略说："您说得一点儿也没错，您之所以不曾娶过别的女人，因为您爱的是她，可是您知道吗？我现在也面临同样的处境！除科学以外，我不可能选择别的职业，因为我喜爱的正是科学！其他事物对我而言，都毫无用途与吸引力！科学是我唯一的需要，我对它的爱，就如同对一位美貌女子的倾慕一样。"

父亲吃惊地看着伽利略："你怎么会有这样的想法呢？"

伽利略说："亲爱的父亲，我已经18岁了！别的学生，哪怕是最穷的学生都会想到自己的婚事。可是，我却从没想过。因为别人都想寻求一位标致的姑娘当终身伴侣，我却只愿与科学为伴。"

父亲不说话了，只是静静地听。伽利略继续说："亲爱的父亲，为什么您不能帮助我达成自己的愿望呢？我一定会成为一位杰出的学者，并能获得教授的身份。如此，我便能以此为生，而且比别人生活得更好。"

父亲为难地说："可是我没有钱供你上学。"

伽利略则回答："父亲，很多穷学生都能领取奖学金，我为什么不能去领一份奖学金呢？您在佛罗伦萨有许多朋友，交情也都不错，他们一定会尽力帮助您的。我们只需要请他们去问问公爵的老师奥斯蒂罗利希就行了，他了解我，知道我的能力！"

父亲被说动了："嗯，你说得有道理，这是个好主意。"

伽利略开心地说："父亲，求您尽力而为。我向您表示感激之情的唯一方式，就是保证自己成为一个伟大的科学家！"

伽利略最终说服了父亲，实现了自己的理想，成为世界著名的科学家。

伽利略之所以能够说服自己的父亲，是因为他运用了"心理共鸣"的方法，慢慢地让父亲不但理解了他的想法，而且支持他的想法。对于路演演讲者而言，想要做到这一点其实并不十分困难，如今与投资人有关的个人信息不难找到，在路演准备阶段最好收集这些投资人的相关信息，并对其进行分析，大致了解投资人的个人性格、投资风格以及精通领域等，了解了这些信息，你就能够在视频内容以及演讲内容里寻求与其相匹配的内容和观点，从而实现这种一致性。

最后，想要通过视频来驱动投资人的情感，还要通过脚本与剪辑技术让视频内容有起伏。这种起伏的感觉可以来源于视频的故事性、情节的张弛有度以及表现手法的新颖程度。因为视频内容设计上的起伏能够抓住投资人的注意力，引起他的观看兴趣，如果能够做到这些，那么这段视频无疑就已经成功了。

第9章 商业计划书

商业计划书是企业融资时所必须具备的文件,一份优质的融资商业计划书可以大大提高项目融资的可能性。既然商业计划书是必不可少的"道具",那么如何让它更好地为融资人的"故事"服务呢?本章就让我们来看看商业计划书应该怎么做。

专业商业计划书版式

要知道,一个风险投资公司每月都要收到数以百计的各式各样的商业计划书,每个投资人每天都要阅读几份甚至几十份商业计划书,而其中仅仅有几份能够引起他进一步阅读的兴趣,更多的则被无情地扔到废纸篓中了。所以为了确保你的商业计划书能够引起投资人足够的注意力,必须事前进行充分的准备才行。

在介绍具体的商业计划书如何写之前,让我们首先来看看那些失败的商业计划书都犯了哪些错误。

一般而言,在失败的商业计划书里最常出现的败笔包括:

- 语言描述上混乱不清晰，内容冗长废话多；
- 商业计划不专业，如缺乏应有的基础数据，数据分析过于简单或数据没有说服力；
- 没有强有力的执行团队；
- 只有创意，没有实际操作经验；
- 计划目标界定不明或难以衡量目标的执行效果；
- 大篇幅描述市场和环境，到后面才讲清楚公司的业务类型和目标；
- 过于强调技术的先进性或产品服务的创意，而忽略执行层面；
- 有很多口号，而为了达到目标所制定的策略与战术却描述不多；
- 只有销售目标，没有实现销售目标的具体计划；
- 强调过往成就，却不能令人信服地说明保持将来可持续竞争优势的策略方法；
- 过于强调依赖某一大公司的供销关系，使投资人很担心过于依赖单一战略合作伙伴带来的巨大风险；
- 管理团队的实力言过其实，或声称：若获得投资，某某名人将加入本公司；
- 对市场导入和团队协助的描述没有说服力；
- 生产与营销实施方案或不作涉及，或一笔带过；
- 低估竞争对手的实力，或者干脆说没有竞争对手；对竞争没有清醒的认识，忽视竞争威胁；
- 对市场和竞争对手的描述缺乏具体资料和数据；

- 对经营困难及风险预计不足，过于乐观；

- 市场规模太小，偶然的阶段性市场或市场容量和市场份额的估算方法不科学；

- 产品或客户过于单一，或产品或客户过于复杂；

- 产品服务卖点、亮点过多，泛而不精；

- 没有依据地预计公司将在两三年之后上市；

- 过分地做表面文章或文字游戏（如强调留洋博士、领导关怀、大会获奖、众多专家顾问）；

- 过分夸张的公司名称与项目名称（如一个面向国内市场的初创公司起名为某某国际集团）；

- 故意隐瞒事实真相，对项目本应该描述的内容避而不谈；

- 对资金预算描述不清楚或不合理，资金使用方向模糊；

- 预算中有昂贵的装修和高级轿车等不切实际的开支项；

- 收入模式不明确，盈利模式的数字计算模型不清晰；

- 财务数据测算不准确，数据出入过大；

……

不看不知道，一看吓一跳，原来在融资商业计划书里有这么多容易出现错误的地方。

商业计划书是为了吸引投资人的资本而编撰的一份报告性文件，因此它必须正式且专业。融资商业计划书都有固定的版式，一般而言包含摘要、主体和附录三个部分。

摘要是对整个商业计划书最高度的概括。摘要部分的作用是以最精练的语言、最有吸引力和冲击力的方式突出重点，把投资人引入主题，抓住投资人的心。因此摘要部分是整个商业计划书的引言。从某种程度上说，投资人是否中意你的项目，主要取决于摘要部分。可以说没有好的摘要，就没有投资。

主体部分是整个商业计划书的核心。主体部分向投资人展示的是与项目有关的所有内容。主体的功能是最终说服投资人，使他们充分相信你的项目是一个值得投资的好项目，以及你和你的团队有能力让他们的投资产生最佳的投资回报。因此主体部分的内容要全面翔实，在有限的篇幅之内展示出要说的全部内容，让投资人了解他想知道的全部。主体部分一般包括以下几方面内容：

图9-1 商业计划书主体部分图例

·公司与团队介绍。这部分内容主要是介绍企业的一些基本情况，以及发展策略、财务情况、产品或服务的基本情况以及创始人团队成员的介绍。

·行业分析。这部分内容介绍的是企业所属行业领域的基本情况，以及企业在整个行业中所处的地位。

·市场分析。这部分内容主要是介绍产品或服务的市场情况，其中包括市场容量、企业在市场竞争中的位置、竞争对手的情况、未来市场的发展趋势等。

·市场营销。这部分内容主要介绍企业的市场营销策略、目前产品或服务的销售情况等。

·经营分析。这部分内容主要介绍企业经营的一些基本情况，如设备、生产工艺的情况，还包括生产能力与生产效率、库存管理、售后服务等内容。

·管理情况。这部分内容主要包括企业管理理念、管理结构、管理方式、管理团队的基本情况。

·财务情况。这部分内容主要是介绍企业财务管理的基本情况。对现在正在运行的企业需要展示过去三年的财务报表、现金流量表、损益平衡表等。

·未来愿景。这部分内容主要介绍企业在未来的发展目标、发展策略、发展计划、实施步骤，以及风险因素的分析等。

·投资回报。这部分内容主要是告诉投资人项目能够带给投资人大约多少回报率以及什么时候可以收回投资等情况。

最后是附录部分。由于篇幅限制，有些内容不宜在主体部分过多描述，因此可以放在附录部分，供投资人阅读时参考。附录是对主体内容的补充，它的功能是提供更多、更详细的补充信息，完成主体部分中言有未尽的内容。

下面展示一份商业计划书的大致模版，供大家参考。

商 业 计 划 书

项目名称:

项目单位:

提交日期:

×××× 有限公司

2017 年 5 月制

保 密 承 诺

本商业计划书内容涉及本公司商业秘密,仅对有投资意向的投资者公开。本公司要求投资公司项目经理收到本商业计划书时做出以下承诺:

妥善保管本商业计划书,未经本公司同意,不得向第三方公开本商业计划书涉及的本公司的商业秘密。

项目经理签字:

    接收日期:_____年____月____日

目 录

目录 ………………………………………………………… 2

摘要 ………………………………………………………… 3

一、企业情况 ………………………………………………… 4

二、管理团队 ………………………………………………… 4

三、产品与服务 ……………………………………………… 5

四、研究与开发 ……………………………………………… 6

五、行业及市场 ……………………………………………… 6

六、营销策略 ………………………………………………… 7

七、产品制造 ………………………………………………… 7

八、管理 ……………………………………………………… 8

九、融资计划 ………………………………………………… 8

十、财务说明 ………………………………………………… 9

十一、风险及对策 …………………………………………… 9

摘 要

1. 企业情况（公司名称、成立时间、注册资本、股权结构、主营业务、过去三年的销售收入、毛利润、纯利润、公司地点、电话、传真、联系人）

2. 管理团队（姓名、性别、年龄、学历、毕业院校、主要经历和经营业绩）

3. 产品与服务（产品/服务介绍，产品技术水平、新颖性、先进性和独特性，产品的竞争优势）

4. 研究与开发（已有的技术成果及技术水平，研发队伍技术水平、竞争力及对外合作情况，已经投入的研发经费及今后投入计划，对研发人员的激励机制）

5. 行业及市场（行业历史与前景、市场规模及增长趋势、行业竞争对手及本公司竞争优势、未来三年市场销售预测）

6. 营销策略（在价格、促销、建立销售网络等各方面拟采取的措施）

7. 产品制造（生产方式、生产工艺、质量控制）

8. 管理（机构设置、劳动合同、知识产权管理、人事计划）

9. 融资计划（资金需求量、使用计划、拟出让股份、投资者权利、可接受的退出方式）

10. 财务预测（未来三年的销售收入、利润、资产回报率等）

企业情况

1.1 公司名称：

1.2 成立时间：

1.3 注册资本：

1.4 实收资本：

1.5 注册地点：

1.6 公司性质：

1.7 公司沿革：（说明自公司成立以来主营业务、股权、注册资本等公司基本情形的变动，并说明这些变动的原因）

1.8 主要股东：（列表说明目前股东的名称、出资、单位和联系电话）

1.9 组织机构：

1.10 主要业务：公司曾经经营过的业务和目前经营的业务及主

营业务

1.11 员工人数及文化结构：

1.12 财务历史数据：

1.13 对外投资：

1.14 未来三年的发展战略和经营目标：

管理团队

2.1 公司董事会：（董事成员姓名、职务、工作单位和联系电话）

2.2 高管层简介：

董事长：（主要说明在本行业内的管理经验和成功案例）

总经理：（主要说明在本行业内的技术、营销、管理经验和成功案例）

技术负责人：（主要说明在本行业内的技术水平、技术管理经验和成功案例）

营销负责人：（主要说明在本行业内的营销管理经验和成功案例）

财务负责人：（主要说明在财务、金融、筹资等方面的背景、经验和业绩）

其他重要责任人：（根据公司的需要，主要说明在特定方面的专长）

产品与服务

3.1 产品/服务描述［说明所投资的产品/服务的背景、目前所处发展阶段、与同类产品/服务的比较，本公司产品/服务的新颖性、先进性和独特性，是否拥有专门技术、版权、配方、品牌、销售网络、许可证、专营权、特许权经营等，公司拥有的或正在申请的知识产权（专利、商标、版权等），并说明公司是否已签署有关专利权及其他知识产权转让或授权许可的协议等。］

3.2 目标市场：（对产品/服务所面向的主要用户种类要进行详细说明）

3.3 产品更新换代周期：（更新换代周期的确定要有资料来源）

3.4 产品标准：（说明本产品是否有标准，若有请详细列明产品执行的标准，是否参与制定产品或技术的行业标准和质量检测标准）

3.5 产品/服务的竞争优势：（重点说明再性能、价格、售后服务和技术支持等方面的优势）

研究与开发

4.1 公司的研发成果及客观评价：（产品技术鉴定情况，是否获国际、国内各级行业权威部门和机构授予的荣誉）

4.2 主要技术竞争对手：（国内外情况，公司在技术与产品开发方面的国内外竞争对手，公司为提高竞争力所采取的措施）

4.3 研发计划：（说明为保证产品性能、产品升级换代和保持技术先进水平，公司的研发重点、正在或未来 3~5 年拟研发的新产品）

4.4 研发投入：（截至目前公司在技术开发方面的资金总投入，计划再投入多少开发资金，列表说明每年购置开发设备、员工费用以及与开发有关的其他费用）

4.5 技术资源和合作：（公司现有技术资源以及技术储备情况，是否寻求技术开发依托和合作，如大专院校、科研院所等）

4.6 技术保密和激励措施：（说明公司采取哪些技术保密措施，怎样的激励机制，以确保公司技术文件的安全性和关键技术人员和技术队伍的稳定性）

行业及市场

5.1 行业状况：（行业发展历史及趋势，哪些行业的变化对产品利润、利润率影响较大，进入该行业的技术壁垒、贸易壁垒、政策导向和限制等）

5.2 市场前景与预测：（说明过去三年各年全行业销售总额和增长率，未来三年各年全行业销售收入预测列表说明并注明资料来源或依据）

5.3 主要竞争对手：（说明本公司与行业内主要竞争对手的比较，主要描述在主要销售市场中的竞争对手、市场份额、竞争优势和竞争劣势）

5.4 市场壁垒：（说明市场销售有无行业管制，公司产品进入市场的难度及对策）

5.5 销售预测：（说明公司未来三年的销售收入和市场份额，请按融资成功和融资不成功的情况分别列表）

营销策略

6.1 价格策略:(销售成本的构成,销售价格制定依据和折扣政策)

6.2 行销策略:(说明在建立销售网络、销售渠道、广告促销、设立代理商、分销商和售后服务方面的策略与实施办法)

6.3 竞争策略:(如果产品已经在市场上形成了竞争优势,请说明与哪些因素有关,如成本相同但销售价格低、成本低形成销售价格优势以及产品性能、品牌、销售渠道优于竞争对手产品等)

6.4 激励机制:(说明建立一支素质良好的销售队伍的策略与办法,对销售人员采取什么样的激励和约束机制)

产品制造

7.1 生产规模及生产方式:(说明公司目前的年生产能力,厂房面积和生产人员数量,生产制造方式是自行生产还是委托生产,或其他方式)

7.2 生产工艺流程:(简述产品的生产制造过程和工艺流程,请用流程图表示,公司如何控制产品的制造成本,有哪些具体措施,规模化生产后制造成本还有多大的下降空间等)

7.3 生产设备及工艺装备:(所用设备是专用设备、自制设备还是通用设备,先进程度如何,价值以及最大生产能力是多少,使用寿命多长等)

7.4 质量管理:(说明公司的品质管理体系,正常生产状态下,描述生产过程中产品的关键质量保证工位以及使用的关键质量检测

设备，成品率、返修率、废品率的控制方法和采用的控制标准）

7.5 原材料采购及管理：（如何保证主要原材料、元器件、配件以及关键零部件等生产必需品进货渠道的稳定性、可靠性、质量及采购周期，所采用的采购管理程序，列出主要供应商名单）

管理

8.1 管理体系和管理目标：（公司管理体系和管理目标，公司融资后要设立哪些机构及相关的人员配备）

8.2 激励和约束机制：（公司对管理层及关键人员将采取怎样的激励机制和奖励措施）

8.3 人事管理：（公司人事管理制度）

融资计划

9.1 融资目的和额度：

9.2 股权融资数量和价格：（说明拟向投资者以什么价格出让多少股权，作价依据是什么）

9.3 资金用途和使用计划：（说明融资后项目实施计划，包括资金投入进度、效果和起止时间等）

9.4 投资回报：（说明融资后未来3~5年平均年投资回报率及有关依据）

9.5 投资者权益：（说明投资者可享有哪些监督和管理权力，将以哪些方式收回投资，具体方式和时间）

财务说明

10.1 财务状况：（说明公司在过去三年里的基本财务数据）

10.2 财务预测：（展示融资后未来三年项目盈亏平衡表、资产负债表、损益表、现金流量表和销售计划）

10.3 税务说明

风险及对策

11.1 主要风险：（说明本项目实施过程中可能遇到的各种风险，包括研发风险、经营管理风险、市场开拓风险、生产风险、财务风险、汇率风险、对公司关键人员依赖的风险等）

11.2 风险对策：（对风险的控制和防范对策）

几乎所有的专业投资人与投资机构都是最先根据商业计划书来了解融资项目的，他们的工作程序是必须在接到一份可以接受的商业计划书后才会展开相关的投资评估。投资人之所以需要商业计划书，是为了获得一个项目准确、全面的信息从而帮助他们快速做出正确的投资决策。

首先，一份好的商业计划书能够帮助投资人缩短决策时间。它能够提供给投资者评估时所需的信息，使其从众多项目的商业计划书中进行有效率的筛选分析，迅速挑选出适合的投资方案，以缩短在评估决策时所需花费的时间。

其次，一份好的商业计划书还能够清楚地告知投资人有关项目经营与发展的过程与结果。它必须明确地指出企业竞争的优势与外部可能出现的威胁，它还应该包括可能遭遇到的问题和预期的经营结果。

最后，一份好的商业计划书能够提供给投资人详细的投资回报分析。投资者最关心的就是通过项目投资可以获得多少投资回报以及如何回收投资资金，因此，一份详细的资金运用与财务分析报表才是投资者迫切需要的。

综上所述，商业计划书最主要的目的还是吸引投资人的注意。对一家企业来说，只有提供充分的项目经营信息与丰厚的投资回报机会，满足投资人在评估与投资决策上的信息需求，才能最终融资成功。因此，商业计划书一定是以投资人的需求为出发点，就投资人最关心的问题如市场规模、消费者需求以及投资回报与风险等进行翔实描述才行。

一份真正优秀的商业计划书里应当包含以下4个要点，即"项目痛点""项目亮点""项目获利点""项目退出点"，从本节开始我们就来一一进行说明。

要点一："项目痛点"

"痛点"指的是用户在使用产品过程中的抱怨、不满等问题，还可能是用户一直很想要却没被满足的需求。让我们来举一个简单的例子。

"回家吃饭"是一款家庭厨房共享APP，致力于在社区里发掘有时间、愿分享的民间厨艺达人，通过配送、上门自取等方式，给忙

图9-2 "回家吃饭"

碌的上班族提供安心的饭菜。

2014年10月上线后,回家吃饭已拓展至北京、上海、广州、深圳、杭州五大城市。注册用户超过数百万。其创始团队来自阿里巴巴、uber中国早期创始团队,以及京东、腾讯、百度等顶级互联网公司,目前公司拥有员工近600人。

目前"回家吃饭"已经获得曾投资滴滴的著名天使投资人王刚与金沙江创投朱啸虎百万美元级天使轮融资,A轮千万美元级的融资则来自今日资本徐新。

由于吃是刚性需求,而且对民众来说是一件大事,而城市白领享受不到家厨的饭是这个项目的大痛点,除此之外,家厨的味道是餐饮业中的新味道,能给对外卖和快餐越来越麻木的味蕾带去新鲜感和惊喜感。

"回家吃饭"开创了关于"吃的共享经济",而这个需求不是创造出来的,仅仅是公司用更好的方式满足了受众而已。"回家吃饭"抓住了白领吃饭的痛点,开辟了满足吃这个刚性需求的一条新渠道。

为"回家吃饭"天使轮投资的王刚说,现在的小创业公司想要和平台大寡头还有垂直领域寡头竞争太难,尽管"回家吃饭"未来可能会和饿了么或美团产生竞争关系,但在细分市场上,回家吃饭专注吃的共享经济,单点打穿的可能性还是很大的。王刚甚至预言"回家吃饭"将是一个能成为百亿美元级别的独角兽公司。

很显然,"回家吃饭"项目准确命中了用户的痛点,充分利用闲置资源,开创了一个"吃的共享经济",也因此获得了投资人的青睐。

抓住了用户痛点,"回家吃饭"同时还讲了一个非常好的故事。它通过广告语"尝尝咱家的味道",以情感为原点,找到了一个和用户群体沟通的有效途径。通过温馨的场景化海报形式,成功唤醒了匆忙行走于都市之间的北漂一族的情感共鸣,配合"今天下雨,给你的餐加了碗热姜汤"等文字,将品牌理念与企业愿景直接传递给了用户,成功地引起了用户的共鸣。

让我们再看下面这家公司。

车护宝公司成立于2013年3月,是基于车主与汽车服务商的第三方平台,提供技术、产品和价格标准,同时为交易双方提供担保

图9-3 "车护宝"

的网站。车护宝是一个基于汽车标准化保养和服务而形成的平台,主要是把保养的产品、服务打包,让车主选择。它最初的模式是车主在线上选择后,再到车护宝合作的线下修车店去接受服务。在这个模式的基础上,车护宝又同E代驾合作,加入了上门取送车服务与上门保养服务。

车护宝上线一年后,拿到了两笔天使投资。它的两个主要的市场是重庆和成都。但不可否认的是互联网汽车后市场的应用在川、渝两地都没有出现一个王牌产品,用户对车的关心还没有形成用互联网的习惯,所以这对于车护宝而言也是绝佳的一个机会。

车护宝的研发团队在成都,运营团队在重庆,支撑运营的收入主要就是产品差价。车护宝的创始人张志成认为汽车后市场是一个好的创业方向,原因在于中国汽车经过这么多年的发展,形成了一些固有的有很大改变空间的东西,比如说层层代理,从汽车用品到汽车配件到所有汽车相关的东西,有品牌保护,有区域保护,汽车从出厂到最终报销是有无数利润空间的,而所有用互联网解决后市场创业的服务模式都是为了尽可能地去缩减中间环节,去获得更多的用户,以便在这个产业链上有更多议价的能力。

很显然汽车后市场很大，最重要的是看项目的痛点是否明显。为什么车护宝增加了上门保养，就是想让用户的体验感更好，形成新的习惯。互联网时代把用户的口味变得很挑剔，但是汽车后市场的整个服务质量都有待改善，它们其实还没有和互联网时代接轨，这就是车护宝找到的痛点。

通过上面两个案例我们看到了只有找到真正的痛点才可能"惊艳"投资人，从而获得融资。然而，现实是我们看到很多项目融资之所以失败一方面是因为其项目需求并不存在或者是需求不够强烈，也就是"项目痛点"不痛；另一方面则是对痛点的描述不到位。在商业计划书里对痛点的展示也非常需要技巧。让我们来看看下面几个对痛点的描述。

一家企业的商业计划书里对用户痛点的描述是："优质的社区医院能解决患者80%的小病，但由于没有建立完善的制度，患者面临看病贵问题。"

在这个痛点描述里"看病贵"是非常笼统的说法，因而这个痛点也显得非常笼统，并没有指出具体的问题。

另一家企业的商业计划书里对用户痛点的描述是："市场上有越来越多的人想学习新媒体运营。"

这个痛点实际上是针对用户需求量大这个问题。但它没有讲清楚具体问题是什么。痛点代表了市场需求，但如果核心痛点没有阐释清楚，后面提供的解决方案就没有针对性。

还有一家企业的商业计划书里对用户痛点的描述是："新一代读者对国产动漫的接受度高，但是优质作品太少，无法满足用户的需求。"

这个痛点看上去没问题，但其描述"优质作品太少"的问题没有讲清具体的原因，因此也不能算是找到了真正的"痛点"。

针对上述三家企业所抓住的"痛点"，在商业计划书里正确的呈现方式应当如下。

第一家企业项目的痛点是"缺乏优质社区医院"。应描述为："由于医疗资源分布不均，目前的社区医院还不成体系，覆盖范围还不广；没有建立起完善的转诊和分级诊疗制度，患者对社区医院的认知也停留在卫生所的水平。"

这样的描述能够精细到产生"看病贵"这种大概念下的具体原因。

第二家企业项目的痛点是"新媒体运营入行难"。应描述为："很多用户想转行从事新媒体工作，但是缺乏系统的理论知识、职业技能、项目实战，因此无从入手。"

这样的描述会使投资人觉得这个项目的痛点是针对线上新媒体大学，是真实的市场需求，并且这个需求具有商业价值。

第三家企业项目的痛点是"国产优质动漫作品太少"。应描述为:"新一代读者对国产动漫接受度高,不乏好平台;但创作团队制作能力普遍较低、内容生产的质量不稳定,不能保持稳定的更新频率。"

这一描述说明了中国动漫市场的客观现状:优质的网络漫画平台拥有庞大的流量资源,但是渴求优质内容;新生代的用户对于国产动漫的接受度高,同时期待也更高。优质作品少的原因包括团队的制作能力、内容设计能力以及团队的稳定性。

投资人在判断一个项目时是依靠"痛点"描述来看它是不是瞄准了真实存在的需求。有潜力成长为大公司的项目一定试图满足人们更基础、更本质的需求,而看起来很不错,现实中却实属小众的项目则常常将注意力集中在了需求的塔尖。

想要打动投资人就要依靠生动具体的细节,如用户有什么痛苦,我有什么方法解决这些痛苦。由此我们可以总结出在商业计划书里对"项目痛点"要进行重点的突出描述,在挖掘痛点的同时还要补充说明问题的严重性。痛点描述不能泛泛而谈,要具有针对性,避免"假大空"的语言描述。

要点二:"项目亮点"

除了"项目痛点",在商业计划书里还要有对"项目亮点"的描述。你应该用最具诱惑力的话解释为什么你的项目是个大买卖。通常,可以直接、简练地说明解决某个重大问题的方案与产品。让我们来看下面这个案例。

以一个O2O便利店项目为例，我们来挖掘一下它的亮点。

首先，O2O便利店的用户覆盖率很高。O2O便利店由于其品类的繁多，增值附加服务的多样化，"最后一公里"的终极服务，将传统便利店带入了一个崭新的平台高度。它能够把蔬菜水果特产销售、网络代购、日常百货、快递等便民服务融为一体，使得O2O社区便利店的覆盖人群涵盖了整个社区的所有年龄段用户。

其次，O2O便利店服务的安全性很高。因为实体店就在家门口，用户不用担心出现服务问题而找不到客服之类的状况发生，如退款拖延、品质无保证等。

再次，O2O便利店的推广营销波及面广。O2O便利店的推广涵盖线上和线下，如经常性地进行促销和节日活动，不仅增进了邻里之间的感情，也为周围人们的生活提供了更加丰富多彩的活动内容，从而间接提升了便利店的营业额。

最后，随着互联网普及率的提升，社区便利店的未来发展潜力正在彰显。随着互联网的普及，网民的主体不再是青少年人群、白领上班族，网民年龄向中老年渗透，因此，这个趋势也是O2O得以维持发展的基础和力量。

综上所述，O2O便利店增进了用户黏度，提升了对用户数据收集内容的广度和深度，便于进行数据分析，充分将每个潜力用户的消费最大限度地挖掘并保证用户的满意度，这些都是传统实体便利店不能实现的亮点。

上面案例中清楚地说明了O2O便利店项目的特色，当然在商业计划书里对项目亮点的描述应当更加简洁直接，在总体框架设计中，一方面用整体的思路与逻辑体现出项目的优势，另一方面则是在一些小标题上体现出项目的亮点。

另外，如果融资项目在国外有类似的商业模式，那么可以用国外类似的成功案例来做商业计划书的参考，如Google与百度、优步与滴滴等就是这样的例子。由于有国外的成功经验与已经被证明的成功模式，将更有助于投资人理解你的项目亮点。当然有一点一定要注意，那就是复制与创新的问题。一个好的模式必须要能够适应中国的市场特色，因此在项目亮点的描述中，即使国外有成功的案例也不能完全照搬，要找到创新点使项目满足中国市场的需要，只有这样的项目亮点才是加分的。

要点三："项目获利点"

在商业计划书里还应当包含对"项目获利点"的描述。项目获利点实际上就是对盈利模式的描述部分。主要包括企业向谁提供产品或服务，产品或服务的主要内容是什么，怎么销售，以及产品或服务是如何制作与提供的等。这一部分是让所有人一看就知道你的项目是怎么赚钱的。要知道，盈利模式是所有投资人关心的事，你要让投资人相信你所说的这个模式是可靠并且有盈利期望的。

与互联网初始阶段的企业融资情形不同，那个时代一个远景式的商业计划书就能够获得投资人的认可，只要你的故事讲得让人热血沸腾。但如今这个时代，"盈利模式不重要，先做用户"的想法已经不切合实际了。投资人开始看中企业本身的造血能力，所以融资讲故事一定要讲如何获利的内容。现在的投资人更加趋向于理性化，也更加重视投资回报，纯粹讲用户但没有明确盈利模式的项目已经不容易获得投资人的接纳了。让我们来看看下面这个案例。

德国有一个将公厕进行市场化运作的项目，为的是在弥补政府资金不足的同时，促进公厕在节能、节水、环保等技术上的创新。1990年，在柏林市公共厕所经营权拍卖会上，后来被称为"厕所大王"的汉斯瓦尔承诺免费提供公厕设施及其维护和清洁工作，当时其竞争对手都认为这太不可思议了，纷纷退出了竞争。于是在缺少竞争、承诺免费建厕、只要求交纳低廉管理费的情况下，瓦尔公司一举拿下全柏林的公厕经营权。瓦尔公司的盈利点显然不在厕所门口0.5欧元的投币口上，其最大的收入来源是这些公厕外墙的广告经营，它把柏林的很多厕所外墙都变成了广告墙，加之瓦尔公司的墙体费用比一般广告公司要低得多，使得香奈儿、苹果、诺基亚等很多著名公司都在公厕墙体上做广告。

上面这个案例告诉我们，企业融资时应当对项目获利点有清晰的设想，同时应当保证盈利的合理性，如果盈利点仅仅是低廉的管理费那么瓦尔公司怎么也不可能把这个项目做下去。如果拿这样的获利点去融资投资人又怎么会给钱呢？

在商业计划书里"项目获利点"一般分为几个主流类别，它们包括：低买高卖的产品销售模式，依靠产品差价获得收入；广告收入模式；服务费用模式，依靠提供服务获得收入；会员费用模式，本质上是提供会员服务……

以如家、7天、汉庭、桔子水晶等经济型连锁酒店为例，它们为客户提供的是住宿服务，解决的是消费者住的需求，收入模式是住宿费用，是服务费；而以真功夫、海底捞、肯德基、麦当劳等为主的餐饮型企业，为客户提供吃的食品，销售的是产品，解决消费者食的需求，收入模式就是依靠产品差价来赚取利润。

再如《创业家》杂志组织的黑马会是一个创业者的组织，黑马会收取每个会员每年3000元会费，提供针对创业者的线上线下服务，第一批黑马会成员约500名，第一年年收入预计150万元；另外鬼脚七的"七星会"、"罗辑思维"的会员费，老高的"金冠俱乐部"会员费等，都是以给会员提供增值服务来收取会员费的。

让我们再看看现在很火的共享单车的盈利模式。

ofo以"ofo共享单车"为核心产品，基于移动APP和智能硬件开发，为城市人群提供便捷经济、绿色低碳、更高效率的城市共享单车出行服务。

2016年1月ofo完成A轮融资，2017年3月1日ofo宣布完成D轮4.5亿美元（约合31亿元人民币）融资。ofo已经成为行业内估值最高的独角兽公司。D轮融资由DST领投，滴滴、中信产业基金、经纬中国、Coatue、Atomico、新华联集团等多家国内外知名机构跟投，创造了共享单车行业单笔最高融资纪录。

据ofo官方表示，ofo目前的主要盈利方式还是共享收费，但是

图 9-4　共享单车 ofo

ofo 共享单车每分钟仅收费一分钱，这种盈利很显然是微弱的，但未来 ofo 已经设计出了更多的盈利点。

首先是广告盈利：广告收入是所有产品最轻松直接的收入，它包括公众号和 APP 用车页面底部弹窗广告；公众号软文广告；自行车车身广告；ofo 后期引入社区后，APP 内会植入周边商家广告等。

其次是社区中介收入：ofo 后期打造社区后，可在社区内获得二手物品交易中介收入。

再次是电商共享收入：自营自行车周边商品或与自行车相关周边厂商进行合作。

最后是试驾中介费用：与自行车厂商合作，帮其推广，进行试驾中介服务，收取服务费，如有成交量，还可以按比例收费。

让我们试想一下，仅仅凭借微弱的共享收费作为盈利点，投资人怎么可能会对 ofo 趋之若鹜？聪明的投资人一定是看到了 ofo 项目背后更多的盈利可能性才会一次次地把钱砸给这家新兴的公司，如此频繁的高额融资就是最好的证明。

投资人并不是慈善家，他们的投资最后都要通过项目盈利来退出。因此，我们需要通过清晰、明了的盈利模式描述才能打消他们的疑虑。

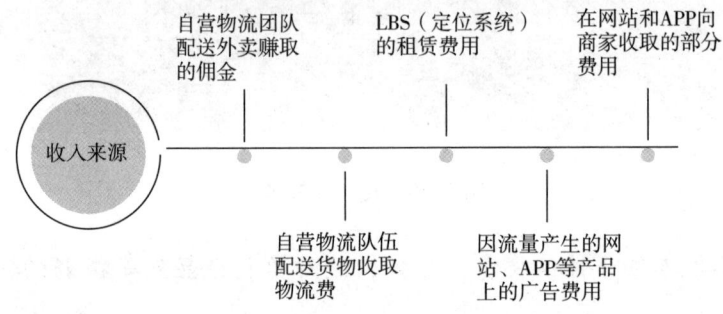

图9-5 外卖项目盈利模式

图9-5就是一个典型的外卖项目盈利模式描述图。这张图清晰地反映出了这个项目由几个盈利点所组成的盈利矩阵。这其实就是一个最直接的商业计划书盈利模式的展示方式。

在当下这个时代，融资时对盈利点的阐述才是投资人最想知道的真相。也许你会说，很多投资人在投资初期都是不要求赚钱的，甚至不要求有盈利模式。这是因为投资人相信他投资的这家企业的产品或服务在未来可以赚到钱，如果没有基于这种相信，精明的投资人怎么可能掏腰包？

要想建立这种"相信"，就需要把项目的盈利模式分为短期、中期和长期。一般而言在第一阶段，主要是做产品、找用户、增加用户黏性，迅速积累用户做到行业的前三名。这个时候投资人看的是数据而不是盈利模式。但到了第二阶段，有了用户基数后就必须要有明确的盈利点了，企业可以通过一个试错的过程找到稳定持续的盈利方式。这个阶段投资人对企业的考核指标就是稳定的收入与现金流。最后一个阶段则是企业找到了稳定的盈利模式并发展壮大，最终成为行业的霸主。例如，京东尽管依旧亏损，但投资人却还在支持它，因为它的模式一定能够赚钱，不过需要一定的投入和条件，如战胜强大的竞争对手和树立定价权。

按照这种阶段的划分，在商业计划书里必须要阐明不同阶段项目的预期盈利模式才行。

如果从商业模式的角度来看，我们会发现传统企业产品很复杂，但盈利模式很简单；而互联网企业则是产品很简单，盈利模式很复杂。例如，生产家具的公司，家具要包括各种各样不同的颜色，各种各样不同的材质，产品非常复杂，但是盈利模式非常简单一眼就能看明白，成本是多少，售价是多少都清清楚楚，盈利点就是中间的利益差。但是互联网企业则不同，它产品非常简单，如滴滴打车就是一个打车软件，饿了么就是一个叫外卖的软件，但是它们的盈利模式非常复杂。滴滴后面所衍生的盈利模式和饿了么所衍生的盈利模式才是它们最有价值的地方。

在商业计划书里描述盈利模式的时候要注意以下几点：

第一，让投资人能够观察到现金流。投资人很怕看不到现金流的企业，一个企业如果没有现金流会是很可怕的事情。

第二，要注意到需求是可以被不断叠加的。何为需求的不断叠加？让我们来看看下面这个例子。

在一个家庭保洁的项目里,一个保洁员去打扫卫生,这是它的第一个盈利点。那么保洁走的时候说:"您的西服脏了,西服要不要洗?"她只需要说这一句话就有可能带来外洗衣物的生意,她把西服拿到社区的干洗店帮客户去洗,假设洗一套西服是60元,这个保洁员能够提成10元,那么她只需要多一句话就做了一个价值的叠加。如果她说:"您家里水没有了,我让别人把您的水给换一桶",这句话让她的价值又叠加了。她又说:"你家里的蔬菜没有了,这里有一个送菜的卡,只需要付费200元买这张卡之后打个电话,每个月都会给您家里免费上门送来非常新鲜的有机蔬菜……

保洁员到客户家里去做家政服务的过程中,只需要说这么几句话就可以无限制地生成一些价值的叠加。这就是所谓有价值叠加的衍生的商业模式。

第三,在盈利模式里能否看到需求的爆发性增长。如果可预测需求的爆发性增长,说明你项目的需求非常大。投资人不仅仅要投资一个需求大的行业,而且要投资一个需求能爆发性增长的行业。

要点四:"项目退出点"

商业计划书里的另一个要点就是"项目退出点",但是大部分商业计划书都没有这部分内容。项目退出点实际上就是我们常说的投资退出方式,它是指投资人在所投资的企业发展相对成熟或不能继续健康发展的情况下,将所投入的资本由股权形态转化为资本形态,以实现资本增值或避免和降低财产损失的机制及相关配套的制度。

投资特别是风险投资的本质是资本运作，退出是实现收益的阶段，同时也是全身而退进行资本再循环的前提。

风险投资的本性是追求高回报，这种回报不可能像传统投资一样主要从投资项目利润中得到，而是在一种"投入、回收、再投入"的不断循环中实现自身价值的增值。所以，风险投资赖以生存的根本在于资本的周期流动，而流动性的存在依靠的是资本退出的有效渠道。投资人只有明晰地看到资本流动的出口，才会积极地将资金投入企业。这也是为什么投资人必须要了解项目退出点的原因，在商业计划书里如果没有这部分内容，就相当于投资人没有看到如何获利了结或者风险退出的途径，投资人又怎么能放心地把钱交给你呢？

项目退出的方式一般而言包括以下几种：

第一，公开上市。它是指将企业改组为上市公司，风险投资的股份通过资本市场第一次向公众发行，从而实现投资回收和资本增值。它通常是所在投资人投资的企业经营达到理想状态时进行。上市可以使投资人持有的不可流通的股份转变为可交易的上市公司股票，实现资本的盈利性和流动性。当被投资的企业公开上市后，投资人可以通过逐渐减持该公司股份，并将股权资本转化为现金形态。有调查数据显示，上市的退出方式可以使投资人获得最大幅度的收益。

第二，股权转让。投资人可以通过直接出售其持有的投资企业的股权来退出投资，一般表现为股份回购与兼并收购。两者的区别在于股权转让的主体有所不同。

股份回购是指企业或者公司管理人员按照约定的价格将公司的股份购回，从而使投资人退出的方式。如果企业度过了技术风险和市场风险已经成长为一个有发展潜力的中型企业后，仍然达不到公开上市的条件，投资人一般会选择股份回购的方式实现退出。当然这也具有两面性，如企业具有较好的发展潜力，企业的管理层、员工等有信心通过回购股份对企业实现更好的管理和控制，这种情况属于积极回购；但如果是投资人认为企业发展方向与其投资增值意图不相符，主动要求企业回购股份，对企业而言，就属于消极回购。有时候，在投资协议中回购条款的设置里投资人会为自己变现股权留一个带有强制性的退出渠道，它是为了保证当所投资的企业发展不如预期时，确保已投入资本的安全性而设置的退出方式。

　　股权转让的另一种形式是兼并收购。它是指通过其他企业兼并或收购投资企业从而使投资人退出。虽然兼并收购的收益不及公开上市，但是投资人能够很快从所投资的风险企业中退出，进入下一轮投资。因此并购也是风险资本退出的重要方式。兼并收购实际上就是投资人和企业管理层认为企业的价值已达到了预期，把企业作为一种产品，将其出售给其他投资人或者另一家企业的方式。

　　对投资人来说，兼并收购退出的好处也有很多。例如，它实施起来更快速、更高效、更灵活，退出程序更为简单，不确定因素小。并购退出在企业的任何发展阶段都能实现，对企业自身的类型、市场规模、资产规模等都没有规定约束，双方在经过协商谈判达成一致意见以后即可执行并购，迅速实现资本循环，有利于提高投资人的资本运作效率，减少投资风险。另一方面，与上市退出不同，并购退出只要在并购交易完成后即可一次性全部退出，交易价格及退出回报较为明确。

第三，清算。通过公司解散和清算来退出是投资人最后的选择，因为任何投资人在决定投资时都不希望日后所投资的企业解散、破产和清算。只有在投资企业前景堪忧或者客观上已经资不抵债的情况下，投资人才会不得已而为之。当企业出现重大问题没有继续发展的空间，抑或是持续经营会带来更大的损失，其他投资人和企业管理层、原有股东等内部人员也不愿意接手，也就是说当其他退出机制都无法实现退出时，只有果断对投资企业进行清算，才能及时收回资本，避免损失扩大。一旦启动清算程序，投资人能够收回投资成本已经是较为理想的结果，获得保底收益基本是一种奢望，更多的时候，清算退出意味着投资人将遭受部分甚至是全部损失。通过破产清算的方式退出，往往意味着投资的失败。

综上所述，我们可以理解到"项目退出点"对于投资人的重要意义，这也是商业计划书里不可缺少的部分。

本章我们罗列了商业计划书里必须要包含的几部分内容，只有把这些内容全都呈现出来让投资人看到，商业计划书才是具有针对性的、较为完整的计划书。这样一份计划书摆在投资人面前才能够起到"敲门砖"的作用，帮助你的企业在融资这条路上获得成功。

第 10 章 展示 PPT

在融资路演中，展示 PPT 是一项常规内容，因此作为重要的"故事道具"，PPT 是你讲故事时最重要的帮手，一个好的 PPT 不仅能够帮助你把投资人的注意力带入故事，而且还能够直观地展示出你希望传达的重点内容。本章就让我们来看看展示 PPT 应当如何做。

"一句话"痛点的项目介绍

在展示 PPT 的开篇一定是介绍项目的内容，我遇到的很多参加路演的企业都会尽可能全面地描述自己的项目，因此看到的往往是长篇大论的开场，配合一堆文字的 PPT 展示。

在前文我就强调过，坐在台下的投资人往往没有心情去盯着 PPT 阅读上面的内容，他们一旦看到密密麻麻的文字就会心烦，因此在项目介绍的部分最好的方式就是用一句话或一张图片来指明项目的痛点。

著名天使投资人徐小平曾说："在路演的时候你不是在跟投资人

对话，本质上你是在跟客户对话以及和市场对话。作为融资人向投资人介绍项目或产品时，要了解投资人在听你介绍时考虑的是他身后的用户会不会用你的产品。认识到这一点之后，接下来就是谈怎么打动用户和市场。

在这个信息爆炸的时代，你凭什么能够赢得市场？市场的注意力其实非常有限，就像营销，你说半天，没打动顾客，顾客就不会买你的东西。同样，一个项目或产品有时候会赢得投资人的认可，但是更多的时候，好的、有价值的项目和产品并不能吸引投资人的注意力，这是为什么？是因为融资人对项目痛点的描述没有抓住投资人的心。所以对项目的介绍必须要迅速简短地一下子抓住听众，抓住用户、市场和投资人才有可能成功。"

徐小平的观点是从投资人的角度出发，而这恰恰是融资人欠缺考虑的因素。很多路演之所以演变成了一场失败的"表演"，不正是因为融资人只是从自己的角度来考虑问题，而没有站在投资人的立场上吗？

"一句话"的项目痛点看似简单，但实际上想要说好这句话却非常难。首先，这句话要与你所讲的故事紧密相合，甚至它就是整个故事的起因；其次，由于一句话的字数有限，需要高度的精练能力；最后，这句话要出彩、出挑、出位，只有这样才能在最短的时间里吸引到投资人的关注。

在PPT上展现出的"一句话"一定要表达出"你要做的事情到底能够给人们的工作或者生活方式带来什么改变"或者"你给某个

行业的发展带来哪些变革"。我用"改变"这个词而不是"改进或者改善",是因为只有带来"改变"的新服务或新产品才有真正的新市场,也才会有更为明确的投资价值。

这是因为投资者明白,人的一生其实就是两件事:避苦趋乐。人类商品经济的发展史也表明,人们通常把钱花在两件事上:第一,把钱花在对抗痛苦上;第二,把钱花在追求享乐上。而且研究证明,人们解决痛苦的需要大于获得快乐的需要,也就是说,人们更愿意为尽快地驱除痛苦付费。如果你能够对抗痛苦,拿出有效地驱除痛苦的方案,客户就会痛快地买账。从路演的角度来看,想要找到一句话来描述项目的"痛点",从需求的角度出发是一个不错的选择。

图 10-1　美菜网

美菜网成立于 2014 年 6 月,是一家农产品移动电商平台。美菜网致力于用前卫的理念和先进的科技颠覆落后的中国农业市场,致力于帮助全国近千万家餐厅做采购,致力于打通从田间地头到终端的农产品供应链,缩短农产品流通环节,降低商户供应链成本,减少供应链人力。全流程精细化管控菜品从田间到餐桌的每一处细节。

同时可以提高农民收入，减少压货风险，降低农民损失，促进资源合理分配。

成立之初，美菜网就获得了真格基金1000万元的天使轮投资；2014年11月，美菜网获得蓝湖资本数百万美元A轮投资；2015年2月，美菜网获得顺为基金和蓝湖资本共数千万美元的B轮投资。2015年9月，美菜网完成C轮融资后，累计融资额已经达到10亿元人民币。

真格基金的创始人徐小平是第一个投资美菜网的天使投资人，他说："美菜网用一句话说清了它的项目痛点，那就是'美菜，让天下做菜的不再买菜'，尽管它成功的因素有很多，但在项目定位与痛点描述上的出彩是毋庸置疑的。投资人不要听你讲什么行业分析，讲什么消费趋势，讲什么竞争对手。你只需要用一句话对项目精髓进行提炼，把整个生意的核心竞争力、核心价值展现出来就足够了。"

另一个案例是厨临门。

厨临门是一家主打高端厨师到家O2O服务的公司，主打国宴级主厨，让用户在家便可尊享五星级宴请。厨临门的商业模式是厨师上门做饭，除了满足"懒得自己动手"做饭的需求以外，能做出高端的家宴，用在会客或招待家人上，也是用户需求之一。瞄准这个需求，"厨临门"做的就是一个高端版本的厨师上门服务。

厨临门对项目痛点描述的一句话是"在家享受国宴"，它与

"厨临门"的名字相得益彰,是一个非常贴切的项目痛点描述。

上面两个案例也许能够让读者朋友们对一句话的项目介绍形式有一个直观的理解,它们都是投资人最喜欢的表达方式,一旦在展示的 PPT 中出现这样一句话无疑能够为你的故事增色不少。

公司亮点与团队介绍

展示 PPT 里另一个不可或缺的部分就是公司亮点与团队介绍。当演讲人介绍自己的公司时,最先说出的一定是公司的名字。千万不要小看了公司的名字,有时候它会决定一家企业的成败。让我们来看看下面这个案例。

图 10-2 "到家美食会"

"到家美食会"成立于 2010 年,专注于为城市家庭用户提供知名特色餐厅的外卖服务。用户通过"到家美食会"的呼叫中心、网站或手机客户端,可以方便地从周边知名特色餐厅订餐,并由"到家美食会"的专业送餐团队配送到家。

2011 年底与"到家美食会"合作的餐厅总数突破 1000 家、用户规模突破 15 万,取得这样的成绩在当时的互联网环境下并不容易。但随着更多竞争者入局外卖行业,"到家美食会"的生存空间被压缩，饿了么、美团外卖、百度外卖形成三足鼎立之势。

据 2017 年 1 月比达咨询发布的《2016 年中国第三方餐饮外卖市场研究报告》显示，饿了么、美团外卖、百度外卖三者合并在外卖平台首选率方面的份额已经超过 91%，其他外卖平台市场份额被极大地挤压，而"到家美食会"就在其中。甚至市场上一度传出"到家美食会"倒闭的消息，同时，"到家美食会"的官方网站也已经取消了订餐通道。

另一方面，据公开资料显示，到家美食会之前已经完成了 4 轮融资，但是自 2014 年 9 月之后便再没有传出融资的消息。两年多没有获得融资再加上市场份额不高，到家美食会的生存境地可见一斑，市场传出其倒闭的传言也就不难理解了。

让我们再看看另一家差不多同时诞生的外卖企业——"饿了么"。"饿了么"是一家网上订餐平台，公司创立于 2009 年 4 月，让我们来看看它的融资经历：

2011 年 3 月，获得金沙江创投 100 万美元 A 轮投资。

2013 年 1 月，获得经纬中国、金沙江创投 350 美元 B 轮投资。

2013 年 11 月，获得红杉资本、经纬中国、金沙江创投 2500 万美元 C 轮投资。

2014 年 5 月，获得大众点评、红杉资本、经纬中国 8000 万美元 D 轮投资。

2015 年 1 月，获得中信产业基金、腾讯、京东、红杉资本、大众点评 3.5 亿美元 E 轮投资。

2015 年 8 月，获得 6.3 亿美元 F 轮投资，由中信产业基金、华联股份领投，华人文化产业基金、歌斐资产、腾讯、京东、红杉资本等跟投。

2015年11月，获得滴滴出行战略投资，金额未披露。

2016年12月，获得阿里巴巴12.5亿美元投资。

在获得阿里巴巴的融资后，"饿了么"的企业估值已经超过了40亿美元，在市场格局方面，"饿了么"摘取2016年年度第一，占整体市场份额的34.6%，成为外卖行业当仁不让的No.1。

上面案例里两家几乎同时出现的企业为何生存境况有如此大的差异？也许这是由很多因素造成的，但其中一个无法回避的因素就是企业的名字。对比"到家美食会"与"饿了么"两个名字，几乎是高下立判。从"饿了么"的名字里一下就能够知道它是做什么的，其名字更加口语化，易记易懂；而反观"到家美食会"，则让人很容易认为是一家"餐厅"的名字，另外它更加拗口，不容易记忆。市场最终选择"饿了么"，从用户的角度来看，毋庸置疑名字是其中的一个选择因素。

由此可见，如果你用一个能够让投资人一下就记住的名字，那么对融资而言就像你拥有了一个非常好的故事标题。曾经有个创业者对投资人说"老师，我们要做的是找钢网，我们要为用钢的人找钢，我们要为炼钢的人找钢"，这简单的开场白一下子就吸引了投资人，因为它的名字把所有问题都说清楚了，简单、易懂、易记。最后找钢网获得了IDG资本、华晟资本、雄牛资本、红杉资本、经纬中国、险峰华兴、真格基金等知名基金公司的风险投资，以及京西创业、中泰证券等著名机构的战略投资。可见名字起好了，就成功了一半。

除了项目名字，对产品或服务的一句话描述也是 PPT 部分的亮点所在。我们看到过很多创业融资节目中经常有这样的情景：台上要融资的人滔滔不绝，台下的投资人则毫不留情地打断，然后说：请用一句话告诉我们，你的产品或服务是什么。

对产品或服务的一句话描述有点像广告宣传语，但又不完全一样。广告宣传语更倾向于煽动性，如王老吉的"怕上火就喝王老吉"；脑白金的"今年过节不收礼，收礼只收脑白金"；"回家吃饭"的"安心饭菜，邻里共享"都属于这一类。而对产品或服务的一句话描述则包含了更多的内容。它应当抓住重点、简明扼要，文字必须清楚简单、容易阅读、用字浅显、符合潮流，内容又不能太抽象，使受过普通教育的人都能接受。不简短就不便于重复、记忆和流传。在词句的选用上应使用诉求对象熟悉的词汇和表达方式，使句子流畅、语义明确。避免生词、新词、专业词汇、冷僻字词，以及容易产生歧义的字词。形式上没有太多的要求，可以单句也可以对句。当 iPhone 刚发布的时候，乔布斯是这样解释 iPhone 的："可以说它是三合一，它是我们推出的最好的 iPod，同时也是一部超级棒的手机，此外，它还是装在你口袋里的互联网。"一句话把 iPhone 描述得清清楚楚。

对产品或服务的一句话描述大多是从需求出发，天使投资人薛蛮子的投资案例就可以很好地说明这个问题。

蔡文胜曾对薛蛮子说了与产品相关的一句话："中国互联网用户

的特点是低学历、低年龄、低收入，他们在键盘上敲不出来 Yahoo 和 Google。"薛蛮子听懂了为什么导航网站这种看似白痴的网站流量巨大，于是他投资了。汽车之家创始人李想找到薛蛮子，对他说："上汽车网站的多数是外行，自己就是外行，所以知道他们的需求。"薛蛮子听懂了，所以也投资了。

由此可见，简单明了的一句话描述远胜过繁复冗余的玩概念，因此不要让投资人觉得你是个"语言艺术大师"，而要让他们觉得你是个"一语中的"的人。那么，如何用一句话很好地描述自己的产品或服务呢？你可以采用下面这个模式：

谁（公司名称）提供的什么产品或服务，利用什么特色功能帮助谁（目标用户）解决了什么问题（问题描述）。

上面这个描述模式看起来很简单，其实不然。如何利用这个模式将公司提供的产品或服务、目标用户和旨在解决的问题用一句话描述得非常清楚比你想象的要难得多。让我们来看下面的例子。

第一种：去买网提供的电子商务服务旨在帮助女性消费者更快地进行网上购物。

第二种：电子商务网站去买网旨在帮助新妈妈以批发价自动订购尿不湿等婴儿用品。

上面这个案例呈现了同一个项目不同的一句话描述，从对比中我们不难发现，第二句对目标用户、解决的问题和特色描述要比第一句清楚很多，也更能吸引消费者的注意。

团队是路演中最重要的核心点，投资人最后决定是否投资一个项目，有50%以上的分数可能是给了团队。在团队介绍部分很多企业的路演PPT里仅仅贴出了团队成员的履历，实际上它能起到的作用有限。投资人更关心的是你的创始团队成员是怎么来的，他们过去做过什么……

因此，在设计这部分内容时必须要包含以下两部分：

第一，团队成员过去的战绩、个人的性格、特质以及与目前所对应岗位的关系。

团队成员过去的战绩能够反映出这些人是否具有胜任工作的能力与经验，投资人通过了解这些人过往的经历证明他们是否是优秀的执行者或者开拓者；有些人来自成功的创业公司，但也许只是搭了顺风车而已；有些人创业成功过，但把下一次的成功看作大概率事件就会带来更大的风险；有些人跌跌撞撞，但如果善于总结和积累，也会在以后少走弯路。

另外投资人在看团队成员过去的工作经历时，首先会看有没有大公司的履历，最好是国际化的大公司，或者是200人以上的规模大一点的公司。为什么？因为大公司的工作经历会形成标准化工作的经验。创业公司刚开始可能会比较小，只有三五个或十几个人，但公司一定会从非正规化转向正规化，这时候大公司经验会为正规化打下很好的基础。基于这种经验，他就能在公司创立之初做很多事情，如一开始就为公司做很好的远景规划。

个人性格与特质能够反映出这些人是否适合团队作战；他们的应变能力，学习能力，对数据的解读能力，敬畏心，包容的胸怀，成员间的信任，这些都是投资人所重视的内容。

与目前岗位的对应关系则是岗位匹配度的问题。团队要对所处的领域、所做的产品、面对的用户有深刻的理解，如果创始团队本身是目标用户，那么这一点就是一大优势，否则就需要有很强的同理心、商业思维和招聘能力。

第二，是否有完整合理的团队配置。投资人一般会认为一个有着完整合理配置的团队应当包含以下几个类型的人：

一是企业的绝对领导者。通常情况下，一个企业拥有一个能发号施令的人是很重要的，他应该是一个能够让别人尊敬的领袖人物。对于规模较大的创始人团队来说，如果同时存在五种不同的意见，并且都同等重要，那么这种情况是非常棘手的。因此必须要有人来做最后的决定。

二是技术人才。现在人们普遍认为，高科技创业最好拥有具备技术知识的人才，投资人当然希望有人能够领导团队的技术进程。

三是行业资深专家。真正了解行业的人是极具价值的，他们的作用不仅是能够创造出新的东西，更重要的是他们真正具有经验，能够明白一个特定的行业需要的是什么。在一个创始团队中如果缺少这种人，那么很难让投资人信任这伙人能够在特定的行业里做出惊喜。

四是销售人才。销售人才是不仅仅懂得技术，而且也懂得如何把它卖给客户的人。很多技术型的创始团队往往会忽略团队中销售专家的价值。但你要知道，当想让别人付钱购买时就和技术无关了，而是与你能够提供给顾客的价值有关。而阐明这一价值的人就是销售人才。

五是财务专家。投资人都清楚，当你还没有把产品推向市场时，随时掌握成本是很重要的。因此拥有财务方面的人才就成为必须，他使团队拥有足够的财务处理能力。

投资人在这里看的是团队核心成员的岗位是否匹配，技能是否匹配，团队是否完整。也就是说项目的团队不能缺人，因为钱到位了，人却迟迟招不到，就会耗费很多时间。因此来融资的创始人要先找到合适的人，再去和投资人谈是最好的。

对一个创始团队而言，团队成员和用户才是根基，也是未来。真正优秀的团队会有统一的标准，不会有太多价值观差异。如果创始人自身不错、找到的人不错、制定的规则也不错，那么投资人必然也会觉得不错。要知道在投融领域，如果一个团队没有说服力，那么融资就没有话语权，也没有议价的筹码。所以创始人要尽量找到在自身行业领域有优势的人，如果团队里有短板，则需要付出几倍的努力去弥补，而投资人一般是不会给你这样的时间的。

除此之外，对于团队成员的年龄问题，投资人也会有不同的看法。事实上年龄越大的人，阅历越丰富的人，情绪就越稳定，做事情比较理智，而且更具有协商解决问题的能力，因此如果投资人想找一个成熟的管理者，那么很显然年龄很重要。但是另一方面，如果现在投资人关注的市场机会是创新性的，可以给原有的市场带来巨大冲击的，带来深刻变革的，那么他们会倾向于有冒险精神的年轻人。

越是和年轻人相关的行业，年龄大的人涉足越没有优势，如游戏、动漫、影视创意等。试想如果一个 35 岁或者 40 岁以上的人来融资的项目是做一个二次元的网站，那么他很难获得投资人的眷顾，因为他和他的用户根本不在同一个年龄层。

还有一点是关于创始人的性别。统计数据表明，投资人更青睐于男性创业者或男性 CEO，过去 5 年，能融到 A 轮、B 轮的女性创始人是非常少的，女性更有机会成为很好的联合创始人。

投资人为什么投女性创始人偏少？因为在中国的商业思维里男性创始人很多时候还是有性别上的优势，如更加擅长与人应酬。再者，女性创始人过了 30 岁以后，总要面对很多的现实问题：谈恋爱、结婚、生孩子……在投资人看来，这些事使她们的精力难以全部投入到工作中。

当然，男性也会遇到婚姻问题。投资人最喜欢的男性创始人是抱有"结不结婚无所谓，单身状态使自己更能全身心扑到工作上"这种心态的人。但如果他结婚了但没小孩，也不会有太大的问题。但如果他的妻子怀孕或者孩子在 0～2 岁这个阶段，投资人就会比较犹豫。因为家里多了一个小孩后，这个人的人生就进入了一个新的阶段，很少有人能够同时把创业和抚养孩子这两个事摆平。从最基本的人性角度来讲，这事一定会让创始人分心。因此投资人会尽量避免这样的不确定因素所带来的投资风险。

现阶段运营状况分析

在展示PPT里，对项目现阶段运营状况的分析也是非常重要的部分，投资人需要通过这部分内容来了解项目的实际运营情况，从而对项目前景与未来形成自己的判断。因此这部分内容同样能够影响投资人的投资决定。

一个项目的运营状况主要是由对项目的生产经营状况、财务、核心竞争力等要素进行评估继而得出的数据来反映的，投资人最喜欢看的就是这些数据。因此在PPT里要尽可能地展示出与项目运营相关的重要数据。

以APP项目为例，很多企业都觉得在获取用户阶段最核心的数据是下载量。然而投资人却并不这么看，因为下载了应用并不等于一定会安装，安装了应用也不等于一定使用了该应用。所以激活量才是投资人最关心的数据。激活量的定义是新增的启动了该应用的独立设备的个数。因为下载量、安装量这些数据都比较虚，不能真实反映用户是否已经被获取。所以投资人要看激活量，它才是真正获取到了新用户的数据。

除此之外，用户获取成本也是投资人关心的数据。因为在渠道推广时，很多企业都会选择付费推广，因此用户获取成本也就成为获取用户阶段恒量用户与成本之间关系的核心数据。

在提高用户活跃度阶段，如果能够提供日活跃用户数与月活跃用户数，那是最好不过的了，这两个数据基本上说明了应用当前的用户群规模。除此之外，每次启动平均使用时长和每个用户每日平均启动次数这两个指标也很重要，当它们都处于上涨趋势时，可以肯定应用的用户活跃度在增加。

在获取收入的指标方面，平均每用户收入数据、付费用户比例数据都是投资人需要了解的数据。但是，更重要的是利润。我们都知道利润最简化的计算公式是：利润＝收入－成本。因此与成本有关的数据同样要展示出来。

从上面的例子中我们能够大致了解在项目运营分析的部分PPT应当如何去做展示，那就是以数据为王。展示数据的好处一方面是清晰简洁，便于路演时投资人观看接受；另一方面是数据的说服力更强，抵得上千言万语。因此当数据被展示出来后，演讲者只需要对数据进行解读就可以了。依附数据进行的运营分析更实在，更容易引起投资人的共鸣。切忌不要罗列大段文字在PPT上，前文我们已经不止一次地说过，那样做没有任何好处。

本章内容是关于展示PPT的，我没有罗列PPT应当包含的所有内容，而是从一个与众不同的角度来告诉读者朋友们PPT里哪些东西最重要，哪些东西能够让投资人眼前一亮。只有当PPT里具备了这样的内容，才能够让你的故事与众不同，从众多路演者中脱颖而出。